INSTRUCTION CIVIQUE ET DROIT USUEL

A L'USAGE DES JEUNES FRANÇAIS

PATRIE ET LIBERTÉ !

NOUVEL OUVRAGE

Contenant en trois parties correspondant aux trois cours :
élémentaire, moyen, supérieur

CENT QUINZE Leçons de Lecture

ET

CENT TRENTE-TROIS Exercices d'Élocution et de Rédaction

Destinés aux élèves des écoles de l'un et l'autre sexe

(Programme de 1882)

Par LOUIS CRÉNAIS

Faire des hommes libres !

CHEZ L'AUTEUR

A MAROLLES, par St-Calais (Sarthe)

AU MANS

A la Librairie Edmond MONNOYER

12, PLACE DES JACOBINS, 12

1887

Tous droits réservés

INSTRUCTION CIVIQUE ET DROIT USUEL

A L'USAGE DES JEUNES FRANÇAIS

PATRIE ET LIBERTE !

NOUVEL OUVRAGE

Contenant en trois parties correspondant aux trois cours :
élémentaire, moyen, supérieur

CENT QUINZE Leçons de Lecture

ET

CENT TRENTE-TROIS Exercices d'Élocution et de Rédaction

Destinés aux élèves des écoles de l'un et l'autre sexe

(Programme de 1882)

Par LOUIS CRÉNAIS

Faire des hommes libres !

CHEZ L'AUTEUR

A MAROLLES, par St-Calais (Sarthe)

AU MANS

A la Librairie Edmond MONNOYER

12, PLACE DES JACOBINS, 12

1887

AUX MAITRES :

L'ancienne méthode, qui consistait à mettre un livre entre les mains des enfants pour qu'ils l'apprissent par cœur, est condamnée sans appel. S'il fallait agir ainsi de nos jours, avec le programme surchargé des écoles, le petit cerveau des élèves n'y suffirait jamais. C'est la *parole du maître* qui doit aujourd'hui vivifier l'enseignement, éclairer les intelligences, y faire pénétrer une foule de connaissances qui semblaient naguère audessus de la portée des enfants. Certains maîtres de la pédagogie veulent même bannir le livre de l'école, et faire reposer presque tout l'enseignement sur la parole du maître. Mais c'est là un autre excès dont il faut se préserver. Car quiconque a dirigé une école sait quelles faibles traces une leçon orale laisse dans l'esprit des enfants, surtout de ceux qui commencent : tous les mots scientifiques, techniques leur échappent ; les expressions les plus usuelles même s'évanouissent promptement, si un livre ne les leur présente matériellement à l'esprit et ne les fixe dans leur mémoire.

De ces considérations est né le présent ouvrage.

Il ne procéde pas comme la plupart des manuels usités aujourd'hui.

Ceux-ci noient les questions les plus simples dans un flot de prétendus entretiens ou récits d'où l'élève ne saurait retirer, sans aide, l'idée principale que l'auteur veut exprimer. Voulant suppléer ce qui ne peut être suppléé, ils remplissent l'office du maître, mais sans profit pour celui-ci.

Le présent ouvrage, au contraire, *contient des leçons courtes, claires, simples, destinées d'abord à servir de base aux explications du maître, ensuite à rester gravées dans l'esprit des enfants.* Il n'est pas fait pour être résumé, mais pour être développé. — Tout maître, même le plus inexpérimenté, peut faire ce développement, à l'aide d'un bon dictionnaire, s'il n'a pas d'ouvrages spéciaux.

Cette concision, cette simplicité, cette clarté *engendrent un premier avantage,* c'est que le présent volume *renferme les matières,* non seulement d'instruction civique, mais encore de droit usuel et de droit social, *destinées aux trois cours :* élémentaire, moyen, supérieur; d'où une grande économie pour les parents ou les communes qui n'ont plus qu'un seul livre à payer au lieu de trois ou quatre!

Ensuite la marche à suivre par le maître, avec ce livre est d'une incomparable facilité.

L'ouvrage se divise en trois parties, une pour chaque cours. Chacune des parties contient environ quarante leçons ou chapitres, *autant et pas plus que de semaines dans l'année scolaire.* En supposant que l'instituteur fasse trois fois par semaine sa leçon d'instruction civique, voici comment il devra procéder :

Le premier jour, le chapitre à étudier sera lu publiquement par les élèves : tout mot en lettres italiques et surtout en caractères gras sera expliqué et commenté, jusqu'à ce qu'il soit bien compris; le maître s'en assurera par des questions. Ce sera *une leçon de lecture.*

Le deuxième jour, les élèves, aidés par le questionnaire et au besoin par le maître, rapporteront de vive voix les principales idées de la leçon. Ce sera *un exercice d'élocution.*

Le troisième jour, le questionnaire ou exercice se trouvant à la fin du chapitre sera écrit au tableau noir, et tous les élèves du cours devront, à livre fermé, rédiger par écrit leur leçon. Ce sera un *exercice de rédaction.*

On peut être certain qu'après un pareil travail sur chaque chapitre du livre, les élèves le posséderont parfaitement. Que les maîtres veuillent bien essayer. Ils seront étonnés du résultat.

Enfin les renseignements de toutes sortes contenus dans l'ouvrage, et les modèles d'actes usuels qui le terminent, seront si utiles à l'enfant au cours de sa carrière qu'il voudra toute sa vie conserver son livre comme un vade-mecum précieux.

Mais, au-dessus de tous ces avantages pourtant si considérables, il en est un bien plus important sur lequel il faut que les maîtres fixent leur attention : *le but patriotique à atteindre* qui est de **faire des hommes de justice, de liberté, de tolérance, de concorde, de paix !** Les esprits sont malheureusement divisés en France : *il faut que l'entente se fasse*, et **l'entente ne se fera que sur la justice et la liberté !** A l'œuvre donc, éducateurs du peuple ! Un instrument vous est offert : veuillez vous en servir pour préparer l'union, la prospérité, le salut de la patrie !

2 février 1887.

L. C.

AUX ÉLÈVES :

Enfants ! les leçons qui suivent ont pour but de vous faire aimer deux choses : **la patrie et la liberté !**

La patrie, pourriez-vous l'aimer sans la connaître ?

Or, est-ce la connaître assez que d'en savoir la position sur le globe et les vicissitudes dans le passé, c'est-à-dire la géographie et l'histoire ? Et un futur citoyen, appelé à prendre part un jour aux affaires publiques, n'a-t-il pas le devoir et le droit de s'initier à l'organisation politique de son pays, et d'apprendre les lois auxquelles, comme membre de la société il devra, sinon coopérer, du moins se soumettre ? Il faut donc, enfants, que vous connaissiez le gouvernement et les lois de votre patrie.

Mais les *formes de gouvernement et les lois sont susceptibles de perfectionnement et de progrès :* **les constitutions sont éphémères, le droit est éternel !** C'est pourquoi, au-dessus de l'étude des lois positives, réelles, existantes, il y a l'étude des règles idéales, immuables de la justice : et c'est cette dernière étude qu'il importe le plus au citoyen d'approfondir ; car s'il ne connaît ni les conditions du pouvoir, ni les droits et devoirs naturels de l'homme, il ne connaîtra jamais la liberté. Ballotté du despotisme à la licence, il sera le triste jouet des révolutions. C'est pourquoi le deuxième objet de l'instruction civique est l'étude du droit social, des principes de la justice et de la liberté.

Enfants ! ces leçons n'ont point pour but de vous jeter à genoux aux pieds d'un régime, mais de vous élever au-dessus de tous les régimes quelconques, afin que vous puissiez les juger. Citoyens de l'avenir, vous n'êtes pas destinés à admirer béatement le gouvernement sous lequel le hasard vous aura fait naître, mais à le diriger, par vos votes, le pousser en avant, le perfectionner, et lui donner la forme la meilleure, la plus utile au bien de la société. Faites donc votre instruction civique, ô enfants ! Et puisse s'accomplir le doux rêve que j'ai fait de voir chaque année plus d'un million de têtes blondes ou brunes, après s'être penchées sur les leçons qui vont suivre, se relever en poussant le cri qui les termine : **Que la liberté, l'égalité, la fraternité règnent sur la France ! Qu'elles règnent sur la terre entière ! »**

PREMIÈRE PARTIE

(Cours élémentaire)

LA FRANCE ADMINISTRATIVE

I. La Patrie

1. — **Patrie** veut dire **pays des pères** : c'est le pays auquel on est attaché *par les liens de la famille* et de *la naissance*, ou, au moins, par *ceux d'une législation commune*.

2. — *Notre patrie* est **la France,** contrée chérie du ciel, qui ne connaît ni *les froids glacials* du nord, ni les *chaleurs énervantes* du midi ; qui s'est toujours illustrée *par la bravoure de ses guerriers ;* qui a produit des *hommes célèbres dans toutes les carrières utiles* à l'humanité ; qui est régie par *les lois les plus justes ;* qui a toujours *marché à la tête du monde dans la voie du progrès et de la civilisation.* Aussi nous devons être **fiers** de notre patrie ; et nous devons **l'aimer,** parce que c'est le *pays arrosé des sueurs de nos pères*, le pays qui *renferme leurs cendres,* le pays qui *nous nourrit,* le pays dont *les lois nous protègent* et nous procurent tant d'*avantages sociaux.*

3. — Sont **français** : 1° Tous ceux qui *naissent,* en France ou à l'étranger, de *parents français ;* 2° tous ceux qui *naissent en France de parents étrangers qui euxmêmes y sont nés,* à moins de réclamation contraire au moment de la majorité (21 ans) ; 3° tous ceux qui, *nés en France de parents étrangers, déclarent à 21 ans, qu'ils*

veulent se fixer en France et être français; 4° ceux qui obtiennent *leur naturalisation;* 5° les *femmes étrangères qui épousent un français.*

4. — La France se divise en *départements,* les départements en *arrondissements,* les arrondissements en *cantons,* les cantons en *communes.*

Exercice n° 1. — Qu'appelle-t-on patrie ? — Que veut dire ce mot ? — Quelle est notre patrie ? — Pourquoi devons-nous être fiers d'être français ? — Enumérez les titres de gloire de la France. — Pourquoi devons-nous l'aimer ? — Enumérez les avantages que la patrie nous procure. — La patrie est-elle toujours le pays où l'on naît ? — Tous ceux qui naissent en France sont-ils français ? — Qu'appelle-t-on naturalisation ? — Quelle est la condition des femmes étrangères mariées à un Français ? — Comment se divise le pays de France ? — Par qui a-t-il été divisé ainsi ?

II. La commune et le Conseil municipal

5. — Une **commune** est une petite étendue de territoire dont les habitants ont des *intérêts communs* gérés par un même **corps municipal.**

6. — Le corps municipal de chaque commune se compose du **Conseil municipal,** du **Maire,** et d'un ou plusieurs **adjoints.**

7. — Le conseil municipal se compose de :

10 membres dans les communes de 500 habit. et au-dessous ;

12	—	—	—	de 501 à 1500 habitants
16	—	—	—	de 1501 à 2500
21	—	—	—	de 2501 à 3500
23	—	—	—	de 3501 à 10000
27	—	—	—	de 10001 à 30000
30	—	—	—	de 30001 à 40000
32	—	—	—	de 40001 à 50000
34	—	—	—	de 50001 à 60000
36	—	—	—	de 60001 et au-dessus.

Paris a 80 conseillers municipaux. (Loi du 5 avril 1884.)

8. — Les *conseillers municipaux* sont nommés par le **suffrage universel direct** des habitants de la commune qui remplissent les conditions voulues pour être électeurs.

9. — L'élection a lieu, *non par individu*, mais par **liste** comprenant le nombre, fixé par la loi, de conseillers municipaux.

10. — Les conseillers municipaux sont nommés le *premier dimanche de mai* pour **quatre ans.**

11. — Pour être conseiller municipal, il faut : *avoir 25 ans ; être électeur dans la commune,* ou au moins y être inscrit au rôle des contributions directes ; ne *pas être domestique,* ni *assisté par les bureaux de bienfaisance,* ni *fonctionnaire* dans la commune.

Exercice n° 2. — Qu'est-ce qu'une commune ? — Comment se nomme la vôtre ? — Quelles en sont les limites ? — Qu'appelle-t-on corps municipal ? — Qu'est-ce que le Conseil municipal ? — Combien a-t-il de membres ? — Par qui est-il nommé ? — Les conseillers sont-ils nommés séparément ? — Quel jour a lieu l'élection ? — Pour combien de temps les conseillers sont-ils nommés ? — Quand a eu lieu la dernière élection ? — Quelles conditions faut-il pour être conseiller municipal ? — Un étranger à la commune peut-il être élu ? — Quand et pourquoi ? — Pourquoi un fonctionnaire et un indigent ne peuvent-ils être nommés conseillers municipaux ?

III. Les attributions du Conseil municipal

12. — Les conseils municipaux se **réunissent en session ordinaire** *quatre fois* par an : février, mai, août, novembre. D'autres réunions dites **extraordinaires** peuvent avoir lieu dans le courant de l'année.

13. — Les séances sont **publiques**, et tout habitant a le droit de *prendre communication des délibérations,* qui *doivent,* d'ailleurs, *être affichées* à la porte de la mairie.

14. — Les Conseils municipaux *règlent les affaires de la commune,* telles que les *acquisitions, ventes, échanges, constructions, réparations, octrois,* ouverture et entre-

tien des *chemins*, etc.; chaque année, au mois de mai, ils établissent le **budget** de la commune pour l'année suivante. On entend par *budget* le *tableau* indiquant à l'avance les *ressources communales* et l'emploi de ces ressources, autrement dit le tableau des *recettes* et des *dépenses*.

15. — On dit que le budget est en **déficit** quand les dépenses sont plus fortes que les ressources, et en **excédent** quand les ressources dépassent les dépenses et laissent un **boni**.

16. — Quand le budget est en déficit, le conseil municipal vote des *centimes additionnels* en nombre suffisant pour le mettre en **équilibre**.

17. — Le budget communal, ainsi que la plupart des actes des Conseils municipaux, *doivent être soumis à l'approbation du Préfet*, qui veille à ce que les règles d'une bonne administration soient observées.

18. — Le Conseil municipal *nomme le maire*, ainsi que les *adjoints* qui remplacent le maire lorsqu'il est empêché.

Exercice n° 3. — Quand se réunissent les Conseils municipaux ? — Qu'appelle-t-on session ordinaire ? — Session extraordinaire ? — Pourquoi les séances sont-elles publiques, et les délibérations doivent-elles être affichées ? — De quoi s'occupent les Conseils municipaux ? — Qu'appelle-t-on budget ? — Quand est-il dressé ? — A quoi sert l'établissement du budget ? — Que veut dire déficit, excédent, boni, équilibre du budget ? — Par qui le budget doit-il être approuvé ? — Pourquoi le Préfet s'occupe-t-il des affaires communales ? — Quels magistrats les Conseils municipaux sont-ils chargés de nommer ?

IV. Le Maire et l'Adjoint

19. — On appelle **maire** l'homme chargé par le Conseil municipal *d'administrer les propriétés communales*, de faire *effectuer les travaux* projetés et décidés, de *représenter la commune* partout où besoin est, de *veiller à la police municipale*, c'est-à-dire de s'occuper de tout

ce qui intéresse la sûreté, la tranquillité, la commodité des habitants, le bon ordre, la santé publique, etc.; enfin de *faire publier et exécuter les lois* ou règlements de l'autorité supérieure.

20. — Le Maire est en outre **officier de l'état civil**, c'est-à-dire qu'il est chargé d'enregistrer les naissances, mariages et décès.

21. — Le Maire n'a *qu'un adjoint* dans les communes de 2500 habitants et au-dessous, *deux*, dans celles de 2500 à 10000 habitants, etc. Il a aussi un ou plusieurs *secrétaires de mairie* qui tiennent les écritures sous sa surveillance et sa responsabilité.

22. — Les maires et adjoints peuvent être **suspendus de leurs fonctions** *pour un mois par le Préfet, pour trois mois par le ministre de l'Intérieur;* il faut un décret du Président de la République pour les **révoquer.** Dans ce dernier cas, ils ne peuvent **être réélus** qu'au bout d'un an. (Art. 86 de la loi du 5 avril 1884.)

Exercice n° 4. — Qu'appelle-t-on maire ? — Adjoint ? — Quelles sont les principales attributions du maire ? — Qu'est-ce qu'un officier de l'état civil ? — Un secrétaire de mairie ? — Le secrétaire de mairie est-il responsable ? — Combien le maire de votre commune a-t-il d'adjoints ? — Pourquoi ? — Comment s'appelaient les maires dans les communes du moyen âge ? — Que veut-dire être suspendu de ses fonctions ? — Être révoqué ? — Qui peut suspendre un maire de ses fonctions ? — Qui peut le révoquer ? — Ne peut-il être réélu ?

V. Le Canton, l'Arrondissement, le Département

23. — *Plusieurs communes* ayant des *intérêts communs* forment un **canton.**

24. — Les différentes communes du même canton ont cela de commun qu'elles *sont soumises à la juridiction du même juge de paix,* nomment le *même conseiller d'arrondissement et le même conseiller général, concourent ensemble au tirage au sort* qui se fait au chef-lieu de canton, etc.

25. — *Plusieurs cantons*, dépendant de la juridiction *du même tribunal civil* et administrés *par le même magistrat appelé Sous-Préfet*, forment un **arrondissement.**

26. — L'endroit où *réside le Sous-Préfet* s'appelle *chef-lieu de l'arrondissement* ou sous-préfecture.

27. — Le Sous-Préfet *centralise les affaires communales*, est *en rapport immédiat avec les maires*, préside les opérations du tirage au sort, etc. — Il est assisté par un **conseil d'arrondissement** composé *d'au moins autant de membres* qu'il y a de cantons dans l'arrondissement.

28. — *Plusieurs arrondissements* rattachés les uns aux autres par des intérêts communs forment un **département.**

29. — Chaque département est administré par un **Préfet** assisté d'un **Conseil de préfecture** et d'un **Conseil général**, le premier nommé par le gouvernement, le second nommé par les électeurs du département.

30. — Le *Conseil de préfecture* se compose d'un certain nombre d'hommes ordinairement *gradués en droit* qui aident ou remplacent le Préfet empêché, jugent les réclamations en matières d'impôts, ainsi que les contestations entre les particuliers et l'administration soit communale soit départementale, etc.

Exercice n° 5. — Qu'est-ce qu'un canton ? — Quel est le vôtre ? — Quelles sont les communes qui le forment ? — Pourquoi ces communes sont-elles réunies ? — Qu'est-ce qu'un arrondissement ? — Quel est le vôtre ? — Quels cantons le composent ? — Quels liens unissent les cantons du même arrondissement ? — Qu'est ce qu'un Sous-Préfet ? — Une sous-préfecture ? — De quoi s'occupe un Sous-Préfet ? — Par qui est-il assisté ? — Combien de membres dans le Conseil d'arrondissement ? — Qu'est-ce qu'un département ? — Quels liens unissent ensemble les communes, cantons et arrondissements du même département ? — Qu'est-ce qu'un Préfet ? — Par qui est-il assisté dans l'exercice de ses fonctions ? — Qu'est-ce que le Conseil de préfecture et de quoi s'occupe-t-il ?

VI. Le Conseil général. — Le Préfet

31. Le **Conseil général** se compose *d'autant de membres qu'il y a de cantons* dans le département ; chaque membre est *nommé par tous les électeurs du canton* à la *majorité absolue.*

32. — Sont **éligibles** au Conseil général *tous les électeurs* du département, *âgés de 25 ans*, excepté la plupart des fonctionnaires : Préfet, généraux, juges, inspecteurs de l'enseignement, ingénieurs, etc., qui *ne peuvent être élus dans le département où ils exercent leurs fonctions.* (Art. 7 de la loi du 10 août 1871.)

33. — Les conseillers généraux sont nommés pour **six ans** ; ils sont *renouvelés par moitié* tous les **trois ans,** et indéfiniment rééligibles. Le *sort décide* quelle est la première moitié qui doit être renouvelée au bout des trois premières années.

34. — Les conseils généraux ont **deux sessions ordinaires** : la première qui ouvre *le premier lundi après le 15 août*, et où se délibèrent les budgets et les comptes du département ; la deuxième qui *ouvre au jour fixé par le conseil à sa session d'août.* Il peut y avoir des sessions extraordinaires.

35. — Les séances sont **publiques.**

36. — Le Conseil général décide sur *tous les intérêts* du département, acquisitions, ventes, locations des biens départementaux ; classement et déclassement des routes ; ouverture des chemins de fer d'intérêt local ; service des enfants assistés ; fixation de la taxe des prestations, etc., etc.

37. — Le Conseil général *délibère sur le budget départemental* préparé par le Préfet, *et vote les centimes additionnels* suffisants pour le mettre en *équilibre.*

38. — Le Conseil général nomme une **commission de quatre membres** au moins, laquelle *se réunit au moins une fois par mois* pour étudier les affaires qui lui sont

renvoyées par le Conseil, donne son avis au Préfet sur certaines questions, etc. Cette commission s'appelle **Commission départementale.**

39. — Le *Préfet* est un magistrat *nommé par le gouvernement* pour être le *représentant du pouvoir exécutif* dans le département. Comme tel, il fait exécuter les lois, décrets et règlements qui lui viennent de l'autorité supérieure, ainsi que les décisions des délibérations du Conseil général et de la Commission départementale.

Exercice n° 6. — De combien de membres se compose le Conseil général? — Par qui chaque membre est-il nommé? — Pour combien de temps? — Quelle est la partie du Conseil renouvelable au bout des trois premières années? — Les conseillers généraux sont-ils rééligibles? — Que veut dire ce mot? — Qui peut être nommé conseiller général? — Quand se réunit le Conseil général? — Pourquoi les séances sont-elles publiques? — De quoi s'occupe le Conseil général? — Qu'appelez-vous budget départemental? — Qu'est-ce que la Commission départementale? — Quand se réunit-elle? — De quoi s'occupe-t-elle? — Qu'est-ce qu'un Préfet? — Quelles sont ses attributions.

VII. Le Gouvernement

40. — Les 86 départements de la France, plus les colonies, sont soumis à *un même gouvernement* qui est aujourd'hui le **Gouvernement républicain.** Autrefois le gouvernement était **monarchique.**

41. — On appelle **république** le *gouvernement du pays par ses représentants librement élus.*

42. — **Monarchie** veut dire gouvernement *d'un seul homme.* Il y a deux sortes de monarchie : la monarchie **absolue** où le roi est *seul maître*, indépendant de tout frein ; et la monarchie **représentative**, où le roi gouverne avec *l'aide des représentants de la nation.* Il y a même des monarchies où le *roi règne et ne gouverne pas.* Dans ce cas, le monarque, — semblable du reste en cela à un président de république, — n'est qu'une décoration coûteuse placée sur l'édifice gouvernemental.

43. — La *monarchie absolue* n'a plus en France que peu de partisans, d'ailleurs *intéressés*.

44. — La *monarchie représentative* est *peu pratique* parce qu'elle veut allier *deux principes* **contradictoires:** **l'hérédité** avec la **représentation nationale.** En effet, si la représentation nationale veut une chose *qui déplaise au monarque*, ou *qu'il ne puisse en conscience accepter*, il faut *qu'il se retire, qu'il se démette* de ses fonctions. Mais il ne le peut, car il est héréditaire! Alors il lutte contre le pays : de là les troubles, les révolu-, tions qui expliquent nos changements de gouvernement depuis un siècle. La monarchie représentative *ne peut durer qu'avec un roi qui règne et ne gouverne pas*, espèce de machine à signer tout ce que le peuple réclame : *ce qui est indigne* d'un homme ayant une conscience, car chacun sait *qu'il y a des choses au-dessus des caprices des nations*, et celui qui est au pouvoir **doit écouter sa conscience avant tout**, et se démettre plutôt que de faire ce qui lui paraît injuste ou contraire au bien de l'État, quand même l'opinion publique le réclamerait. C'est ce que font les ministres quand ils sont en désaccord de vues avec les représentants de la nation : ils *donnent leur démission*. Or un monarque *devrait en faire autant*, et *il ne le peut pas* pour rester fidèle au principe d'hérédité. Donc ce mode de gouvernement est peu pratique.

45. — Voilà pourquoi la France, après bien des changements de gouvernement est revenue à la **république.**

Exercice n° 7. — Quel est le gouvernement actuel de la France ? — Quel était-il autrefois ? — Quelle est la différence entre la monarchie et la république ? — Combien de sortes de monarchie ? — Qu'est-ce que la monarchie absolue ? — La monarchie représentative ? — Pourquoi la monarchie absolue n'a-t-elle plus que des partisans intéressés ? — Qu'est-ce qui rend la monarchie représentative peu pratique ? — Que doit faire un monarque quand il est en désaccord avec les représentants de la nation ?

— A quoi le principe d'hérédité le porte-t-il ? — Que pensez-vous d'un roi qui règne et ne gouverne pas ? — Quelle est l'origine de la république actuelle ?

VIII. La souveraineté du peuple. — La Constitution

46. — On dit que, en France, le **peuple est souverain** parce qu'il se gouverne par les mandataires qu'il a choisis, les change quand ils ne lui conviennent plus, en détermine le nombre, fixe la durée de leurs pouvoirs, etc. Même *lorsqu'il y a monarchie*, le peuple *ne se soumet au monarque qu'à certaines conditions écrites* qu'on appelle *loi fondamentale du gouvernement*, ou **constitution**, ou **charte**.

47. — Celui qui *viole la constitution*, et s'empare du pouvoir soit par force, soit par ruse, fait un **coup d'État** : c'est un crime contre les droits du peuple.

48. — Pour *empêcher les coups d'État*, le peuple devrait *juger sévèrement ceux qui s'emparent illégalement du pouvoir*. Mais le peuple est un souverain volage et facile à duper; il absout et approuve souvent les coups d'État : quand il sera plus instruit, il n'en sera plus de même.

49. — Quand on dit que le peuple est souverain, que la volonté nationale doit être obéie, il ne faut pas entendre que tout ce qui est voulu par le peuple est juste, car **la justice a des règles éternelles** qui sont indépendantes du vouloir des peuples comme des monarques et qui sont gravées dans la conscience humaine. Ces *lois fondamentales* de justice doivent *être respectées* **avant les exigences populaires.** C'est pourquoi les mandataires du peuple ont le devoir de faire les lois qui leur paraissent le plus justes, le plus convenables au bien de la nation, mais ils ne doivent pas se soumettre en aveugles aux exigences populaires : Aussi le **mandat impératif** n'est-il ni *admissible en droit*, ni *admis en fait* dans la législation française.

50. — La *constitution* qui régit la république française est *celle de 1875* votée par l'Assemblée nationale, et revisée déjà plusieurs fois depuis cette époque.

51. — D'après cette constitution le gouvernement repose sur *deux pouvoirs* distincts : le **pouvoir législatif** qui fait les lois, et le **pouvoir exécutif** qui est chargé de les faire exécuter.

52. — Le *pouvoir législatif* s'exerce par deux assemblées de représentants du peuple : la **Chambre des députés** et le **Sénat** ; le *pouvoir exécutif* est exercé par le **Président de la République** et ses **Ministres.**

Exercice n° 8. — Pourquoi dit-on qu'en France le peuple est souverain ? — Qu'appelle-t-on Constitution ou Charte ? — Qu'est-ce qu'un coup d'État ? — Citez des coups d'État faits par violence, et des coups d'État faits par ruse ? — Quel est le moyen d'empêcher les coups d'État ? — De ce que le peuple est souverain faut-il conclure qu'il peut faire tout ce qu'il veut ? — Que ses mandataires sont ses commis ? — Quel est le devoir des représentants du peuple ? — Qu'est-ce que le mandat impératif ? — Pourquoi n'est-il pas admissible ? — Quelle est la constitution sur laquelle repose la république actuelle ? — En quoi consiste ce gouvernement ? — Qu'est-ce que le pouvoir législatif ? — Le pouvoir exécutif ? — Par qui est exercé le pouvoir législatif ? — A qui est confié le pouvoir exécutif ?

IX. Le suffrage universel et la loi électorale

53. — La Chambre des députés est nommée par le **suffrage universel.**

54. — *Suffrage universel* veut dire **vote de tous les citoyens** remplissant des conditions communes à tous, sans distinction de fortune ni de position sociale. Le suffrage universel existait au moyen âge quand les communes élisaient leurs échevins ; il disparut quand la monarchie, de plus en plus absolue, prit soin de nommer partout ses créatures. Sous la restauration, il fallait payer jusqu'à 300 fr. d'impôts pour être électeur : cela s'appelait le **cens électoral.** Le suffrage universel est dû à la *République de 1848.*

55. — Le suffrage universel est régi par la *loi du
7 juillet 1874* (modifiée par la loi du 5 avril 1884 qui abo-
lit la distinction entre les électeurs municipaux et les
électeurs politiques), et *par la loi du 30 novembre 1875.*

56. — D'après ces lois, *est électeur* **tout français,
âgé de 21 ans, inscrit sur les listes électorales.**

57. — Les *listes électorales* sont dressées tous les ans
dans chaque mairie du 1er janvier au 31 mars par une
commission composée du Maire, d'un délégué du Préfet,
d'un délégué du Conseil municipal. Deux *autres délégués*
du Conseil municipal s'adjoignent à cette commission
quand il y a lieu de *juger des réclamations.*

58. — La commission inscrit sur la liste électorale tous
les Français *ayant 21 ans et 6 mois au moins de résidence
dans la commune.* La liste ainsi préparée est publiée le
15 janvier, et pendant *20 jours à partir de cette date* tout
électeur omis peut réclamer son inscription, ou faire
rayer ceux qui sont indûment inscrits.

59. — **Ne peuvent être électeurs :** les individus *condamnés à des peines afflictives ou infamantes,* pour outrage
aux mœurs, vagabondage, etc.; les *faillis,* les *interdits,* etc. (Voir le décret organique du 2 février 1852, et le
tableau des incapacités électorales dressé par ordre
alphabétique et inséré au n° 11 du bulletin du Ministère
de l'Intérieur de 1885, p. 288 et suivantes. Se trouve dans
les mairies.)

60. — **Ne peuvent voter quoique inscrits sur les
listes** *les militaires de tous grades,* quand ils sont au
corps ou dans l'exercice de leurs fonctions; mais ceux
qui, au moment de l'élection, se trouvent en *non activité
par suite d'un congé régulier d'au moins 30 jours,* peuvent
prendre part au vote.

Exercice n° 9. — Par qui est nommée la Chambre des députés?
— Que veut dire le mot suffrage? — Suffrage universel? —
Depuis quand existe-t-il? — Qu'appelait-on autrefois cens
électoral? — Quelles lois régissent le suffrage universel? — Que

faut-il pour être électeur en France ? — Par qui sont dressées les listes électorales ? — A quelle époque ? — Doit-on veiller à s'y faire inscrire ? — Quelles conditions faut-il pour avoir droit d'y être inscrit ? — Quels sont ceux à qui la loi interdit de voter ? — Pourquoi ? — N'y a-t-il pas des citoyens jouissant du droit de voter et ne pouvant l'exercer ? — Pourquoi ?

Exercice n° 9 bis (de rédaction). — L'élève écrira à un de ses frères ou amis, qui vient d'atteindre 21 ans, pour lui rappeler qu'il est électeur et lui indiquer ce qu'il doit faire en vue de n'être pas omis sur les listes électorales.

X. La Chambre des Députés

61. — Pour être élu député il suffit : 1° *d'être électeur et d'avoir 25 ans;* 2° *d'avoir réuni*, au premier tour de scrutin, *la majorité absolue des suffrages* (1) et, au second tour, la *majorité relative.*

62. — Il est assez étrange que la Constitution n'exige pas des futurs législateurs d'autres conditions, pas même celle d'une instruction supérieure, alors que l'on exige des simples employés de l'administration des diplômes de bachelier, etc. ; d'où il arrive que les lois peuvent être faites par des ignorants et ne peuvent être exécutées que par des hommes instruits.

63. — **Ne peuvent être élus députés** : 1° les membres des *familles qui ont régné* en France ; 2° les *militaires et marins* faisant partie des armées actives ; 3° les *fonctionnaires* rétribués par l'État, excepté cependant les ministres, ambassadeurs, préfet de police, premiers présidents, archevêques, évêques, etc. Toutefois ceux-ci ne peuvent jamais être élus dans le *ressort de leurs fonctions.*

64. — Les députés sont nommés pour **quatre ans.** — Ils reçoivent une **indemnité.**

65. — Les députés sont élus au **scrutin de liste.** Chaque département forme une *circonscription* qui élit

____

(1) Et le quart des voix des électeurs inscrits.

une liste de députés comprenant *autant de membres qu'il y a de fois 70000 habitants* dans le département.

66. — En cas de *renouvellement* de la Chambre, les élections doivent avoir lieu dans les *60 jours qui précèdent l'expiration du pouvoir* de la Chambre renouvelable,

67. — En cas de *décès d'un député*, il doit être remplacé dans un délai de *3 mois*. Toute fois il n'est pas pourvu aux vacances survenues dans les 6 mois qui précèdent le renouvellement intégral de la Chambre. (Lois des 30 novembre 1875 et 16 juin 1885.)

Exercice n° 10. — Quelles conditions faut-il pour être élu député ? — Qu'est-ce que la majorité absolue ? — La majorité relative ? — La loi exige-t-elle assez des législateurs ? — Que veut dire être inéligible ? — Quels citoyens sont inéligibles aux fonctions de député ? — Pourquoi les membres des familles ayant régné en France sont-ils exclus ? — Pourquoi les militaires et les marins ? — Pourquoi les fonctionnaires rétribués ? — Un maire peut-il être député ? — Pourquoi ? — Un préfet est-il éligible ? — Pourquoi ? — Un évêque ? — Pourquoi un évêque ou un premier président de tribunal ne peuvent-ils être élus dans le ressort de leurs fonctions ? — Pour combien de temps sont élus les députés ? — A quelle époque ont eu lieu les dernières élections ? — Comment les députés sont-ils nommés ? — Quelle différence entre le scrutin de liste et le scrutin d'arrondissement ou de circonscription ? — Combien de députés par département ? — Combien dans le vôtre ? — Nommez-les. — Qu'arrive-t-il lorsqu'un député vient à mourir ? — Les fonctions de député sont-elles gratuites ?

XI. Le Sénat

68. — Le **Sénat** se compose de **300 membres élus.** (Loi du 9 novembre 1884.)

69. — D'après la loi du 24 février 1875, 225 sénateurs seulement furent élus par les départements et 75 furent *nommés à vie* par l'assemblée nationale, on les appela **sénateurs inamovibles.** *Ceux qui existent encore gardent cette qualité*, mais, à mesure *qu'ils meurent*, ils sont remplacés par des sénateurs élus.

70. — Pour être sénateur, il faut *avoir quarante ans,* et *jouir de ses droits civils* et *politiques.*

71. — **Ne peuvent être sénateurs** les *membres des familles ayant régné en France;* les *militaires en activité de service* excepté les maréchaux et amiraux; les fonc‑tionnaires publics dont il est parlé à propos des députés.

72. — Les sénateurs sont nommés pour **neuf ans, renouvelables par tiers tous les trois ans.**

73. — Les sénateurs sont élus au *scrutin de liste,* par département; ils sont nommés par un collège électoral qui se réunit au chef-lieu et qui se compose : 1° des *députés;* 2° des *conseillers généraux* et *conseillers d'arron-dissements;* 3° des *délégués des conseils municipaux.* — Un Conseil municipal de 10 membres nomme 1 délégué; celui de 12 membres, 2 délégués; celui de 16 membres 3 délégués; celui de 21 membres, 6 délégués; celui de 23 membres, 9; celui de 27 membres, 12; celui de 30 membres, 15; celui de 32, 18; celui de 34, 21; celui de 36 et au-dessus, 24; Paris élit 30 délégués. — L'élection des sénateurs est dite au **deuxième degré.**

74. — Les délégués ont droit à une *indemnité de dépla-cement.*

75. — En cas de mort d'un sénateur, il doit *être rem-placé dans un délai de 3 mois,* à moins que la vacance ne survienne dans les 6 mois qui précèdent le renouvelle-ment triennal.

Exercice n° 11. — Combien de membres dans le Sénat ? — Combien de sortes de sénateurs avant 1884 ? — Qu'appelait-on sénateurs inamovibles ? — Par qui étaient-ils nommés ? — En existe-t-il encore ? — Qu'arrive-t-il quand ils meurent ! — Que faut-il pour être sénateur ? — Quelle est la durée du man-dat de sénateur ? — Quels sont les sénateurs de notre départe-ment ? — Quand ont-ils été nommés? — Par qui les sénateurs sont-ils nommés ? — Combien le Conseil municipal de votre commune élit-il de délégués ? — Où se réunit le Collège élec-toral ? — Qu'appelle-t-on indemnité de déplacement ? — Pour-quoi l'élection des sénateurs est-elle dite au deuxième degré ?

XII. Le fonctionnement des deux Chambres

76. — Le Sénat et la Chambre des députés se **réunissent** chaque année le *second mardi de janvier*. Les séances doivent durer au moins cinq mois chaque année.

77. — Les séances sont **publiques** à moins qu'une demande de *comité secret* ne soit formulée par un certain nombre de membres.

78. — Le Sénat et la Chambre des députés **font les lois**. *Toute loi*, pour être définitive, *doit être adoptée par les deux chambres*. Les lois de finances doivent d'abord passer et être adoptées par la Chambre des députés avant d'être soumises au Sénat.

79. — La Chambre des députés peut *seule mettre en accusation le Président de la République et les ministres;* mais le Sénat peut seul les juger.

80. — Les deux Chambres réunies en **congrès** ou **assemblée nationale** *nomment le Président de la République.*

Exercice n° 12. — A quelle époque se réunissent les deux Chambres ? — Quelle est la durée des séances chaque année ? — Le public est-il toujours admis aux séances ? — Que font les deux Chambres ? — Un projet de loi adopté par l'une des chambres est-il une loi ? — Qu'appelez-vous lois de finances et qu'ont-elles de particulier ? — Qui peut mettre en accusation le président de la République et les ministres ? — Qui peut les juger ? — Qu'appelez-vous Congrès ? — Quel en est l'objet ?

XIII. Le pouvoir exécutif

81. — Le **Président de la République** est nommé pour **sept ans;** il est *rééligible.* Il *choisit* les ministres, *dispose* de la **force armée,** mais ne peut **déclarer la guerre:** *nomme* à tous les emplois; *préside* les **solennités nationales ;** *a* le **droit de grâce ;** *promulgue* les *lois* dans le mois qui en suit le vote; *a le droit* de **convoquer extraordinairement** les chambres; *peut* **dis-**

soudre la chambre des députés sur l'avis conforme du Sénat, etc.

82. — Les ministres choisis par le Président de la République sont **responsables de leur politique** devant les chambres : ils peuvent être **interpellés** sur leurs actes, et quand ils sont blâmés par les chambres, ils se *démettent de leurs fonctions.*

83. — Les ministres réunis forment un *Conseil* nommé le **Cabinet,** un des ministres a le **titre de président du Conseil des ministres** : c'est lui qui parle aux Chambres.

84. — Le Président de la République et les ministres sont assistés par un **Conseil d'Etat,** composé d'hommes de loi nommés par le Président de la République, lesquels *donnent leur avis sur les projets* de loi, *jugent les différends entre les particuliers et l'administration, etc.* C'est ce qu'on appelle la *juridiction administrative* qui a été tant de fois critiquée, parce que, étant entre les mains du pouvoir, celui-ci en fait ce qu'il lui plaît, et en obtient plus de services que d'arrêts.

85. — Les ministres sont au nombre de *onze :* 1º le ministre de l'**Intérieur ;** 2º le ministre des **Affaires étrangères ;** 3º le ministre de l'**Instruction publique** et des **Beaux-arts ;** 4º le ministre de la **Justice** et des **Cultes ;** 5º le ministre de l'**Agriculture ;** 6º le ministre du **Commerce :** 7º le ministre des **Travaux publics ;** 8º le ministre des **Postes et Télégraphes ;** 9º le ministre de la **Guerre ;** 10º le ministre de la **Marine;** 11e le ministre des **Finances.**

Exercice n° 13. — Quelle est la durée des pouvoirs du Président de la République ? — Nommez le président actuel. — Quand a-t-il été nommé ? — Pourra-t-il être réélu ? — Pourquoi ? — Quelles sont ses attributions ? — Qu'appelle-t-on responsabilité des ministres ? — Interpellation ? — Démission ? — Qu'est-ce que le Cabinet ? — Qu'est-ce que le Président du Conseil ? — Qu'est-ce que le Conseil d'État ? — Quelles sont ses fonctions ? — Que reproche-t-on au Conseil d'État considéré comme tribunal ? — Combien de ministres en France ?

XIV. Ministère de l'Intérieur. — Ministère des Affaires étrangères

86. — Le ministre de l'Intérieur *dirige l'administration intérieure* de la France, et fait exécuter les lois et règlements dans tout le pays par l'intermédiaire d'agents qui sont les *Préfets*, les *Sous-Préfets* et les *Maires*.

87. — Le ministre des **Affaires étrangères** *dirige nos relations avec les puissances étrangères*, s'occupe des *traités d'alliance* ou de *paix*, des *traités de commerce, etc.*

88. — Il a sous lui des agents qu'on nomme **agents diplomatiques**, lesquels résident dans la capitale des nations étrangères, avec le titre d'**ambassadeurs** quand ils sont envoyés auprès d'une grande nation, et de **ministres plénipotentiaires** ou simplement de **chargés d'affaires** quand le pays est moins important.

89. — Sous leurs ordres sont les **consuls** qui résident dans chaque ville importante de l'étranger ou la France a des intérêts. Le Consul *veille aux intérêts de nos nationaux*, prend leur défense quand ils sont lésés ; il enregistre les naissances, mariages, etc., des Français résidant à l'étranger.

90. — Quiconque *insulte un Consul* insulte le pays qu'il représente. Aussi leur personne, comme celle des ambassadeurs, doit être **sacrée et inviolable**

91. — En *cas de guerre*, l'ambassadeur quitte le pays auquel la guerre est déclarée.

92. — Sur la demeure des ambassadeurs et consuls **flotte le drapeau de la France.**

Exercice n° 14. — Quelles sont les attributions du ministre de l'Intérieur ? — Quels sont ses agents ? — Quelles sont les attributions du ministre des Affaires étrangères ? — Qu'appelle-t-on agents diplomatiques ? — Ambassadeurs ? — Ministres plénipotentiaires ? — Chargés d'affaires ? — Consuls ? — Quelle est l'occupation des consuls ? — Quel respect est dû aux agents diplomatiques et consulaires ? — Qu'arrive-t-il en cas de guerre? — Comment reconnaît-on la demeure des représentants de la France à l'étranger ?

XV. Ministère de l'Instruction publique

93. — En France, l'*État se charge* de donner l'instruc-
au peuple. Cependant il *laisse aux particuliers la liberté* d'instruire à certaines conditions plus ou moins libérales.

94. — L'enseignement donné par les particuliers s'appelle **enseigement privé;** l'enseignement donné par l'État s'appelle **enseignement public**, et l'ensemble du' corps enseignant au nom de l'Etat se nomme **Université.**

95. — Le *ministre de l'Instruction publique* organise, dirige, surveille l'enseignement de l'Etat.

96. — Il a sous lui les **recteurs** qui sont à la tête de chacune des 17 académies ou divisions universitaires de la France. Au-dessous des recteurs, sont les **inspecteurs d'académie** qui dirigent le service dans *chacun des départements* composant le ressort de l'académie. Au-dessous des inspecteurs d'académie, il y a, dans chaque arrondissement, un ou plusieurs **inspecteurs primaires.**

97. — L'enseignement public a *trois degrés :* l'enseignement **primaire**, l'enseignement **secondaire**, l'enseignement **supérieur.**

Exercice n° 15. — Qui donne l'instruction en France ? — Qu'appelle-t-on enseignement public? — Enseignement privé ? — Université? — A qui est soumise l'Université? — En combien d'Académies se divise-t-elle ? — Qui dirige l'Académie ? — De quelle académie dépend votre école ? — Qu'est-ce qu'un inspecteur d'académie? — Où réside-t-il ? — Qu'est-ce qu'un inspecteur primaire ? — Combien de degrés dans l'enseignement public ?

XVI. Instruction (*suite*). — L'enseignement primaire

98. — L'enseignement **primaire** est le *premier* qu'on donne aux enfants, c'est celui par lequel il faut nécessairement commencer.

99. — D'après la loi du **28 mars 1882,** l'enseignement primaire comprend : l'**instruction morale et civique;** la **lecture;** l'**écriture;** la **langue française;** l'**histoire** et la **géographie;** des notions de **droit et d'économie politique;** les éléments des **sciences physiques, naturelles et mathématiques,** avec leurs applications à l'agriculture et à l'industrie ; le **travail manuel;** le **dessin** et la **musique;** la **gymnastique;** les **travaux à l'aiguille** pour les filles. — *L'enseignement religieux* est exclus des écoles primaires.

100. — L'enseignement primaire est **gratuit, obligatoire** (1), **laïque.**

101. — Il est donné dans les écoles par les **instituteurs** et les **institutrices.**

102. — Les instituteurs et les institutrices sont *formés* dans deux **écoles normales** situées ordinairement au chef-lieu du département. Ils ne *peuvent enseigner* avant d'avoir obtenu un **brevet élémentaire de capacité** ou un **brevet supérieur.** Ils sont nommés par le Préfet.

103. — A la *fin des études primaires* qui *doivent durer de 6 à 13 ans,* il est délivré, aux élèves qui subissent avec succès un examen institué à cet effet, un certificat constatant leur bonne et suffisante instruction, et appelé **certificat d'études primaires.** Ce certificat, qui peut être obtenus dès 11 ans, doit être recherché par tout enfant studieux.

104. — Après avoir obtenu son certificat d'études primaires, un élève intelligent peut encore se perfectionner en suivant les cours d'une **école primaire supérieure** comme il en existe dans les principales villes, et pour lesquelles des **bourses** sont accordées au *concours.*

(1) L'école publique n'est pas obligatoire, car on peut se faire instruire dans les écoles privées ou même dans la famille. Mais l'*instruction* est obligatoire et les parents qui ne feraient pas instruire leurs enfants, seraient d'abord soumis à la réprimande, puis même à la prison, par jugement du juge de paix. Il existe, dans chaque commune, une commission dont le maire et l'inspecteur primaire font partie, et qui veille à ce que les enfants soient instruits, conformément à la loi.

Exercice n° 16. — Que veut dire enseignement primaire ? — Que comprend-t-il ? — Que veut dire gratuit, obligatoire et laïque ? — Quelle est la durée de l'obligation ? — Par qui l'enseignement primaire est-il donné ? — Qu'est-ce qu'une école normale ? — Que faut-il aux instituteurs et institutrices pour enseigner ? — Qu'est-ce que le certificat d'études primaires ? — A quel âge peut-il être obtenu ? — Quels en sont les avantages ? — Qu'appelle-t-on école primaire supérieure ? — Qu'est-ce qu'une bourse ? — Que veut dire être accordé au concours ?

XVII. Instruction (*suite*). — L'enseignement secondaire

105. — L'enseignement **secondaire** est de deux sortes : **classique** et **spécial**.

106. — L'enseignement *secondaire classique* comprend l'étude des *langues mortes*, grecque et latine, et de la *philosophie;* plus l'étude des *langues vivantes* et des *sciences physiques et mathématiques.*

107. — L'enseignement *secondaire spécial* ou *moderne,* s'occupe peu ou point de langues mortes, et comprend l'étude des *langues étrangères* et des *sciences.*

108. — L'enseignement secondaire est donné par des *professeurs* dans les *collèges* et *lycées.*

109. — Il y a, à *Paris,* une **école normale supérieure** pour former les professeurs de l'enseignement classique et, à *Cluny* une *autre école normale* pour former les professeurs de l'enseignement spécial.

110. — A la fin des études secondaires, les élèves peuvent obtenir, en subissant un examen, le diplôme de **bachelier ès lettres** ou **bachelier ès sciences,** ou bien encore le *diplôme d'études de l'enseignement spécial,* ou baccalauréat français. *Ces diplômes sont exigés par l'Etat* à l'entrée de beaucoup de carrières et des principales écoles du gouvernement, principalement des écoles d'enseignement supérieur, droit, médecine, etc.

Exercice n° 17. — D'où vient le mot secondaire appliqué à l'enseignement, et que veut-il dire ? — Combien de sortes d'enseignement secondaire ? — Que comprend chaque sorte ? —

Qu'est-ce ce qu'une langue morte? — une langue vivante? — Qu'appelez-vous sciences physiques et mathématiques? — Où se donne l'enseignement secondaire? — Par qui? — Qu'est-ce que l'école normale supérieure? — Qu'est-ce que l'école normale de Cluny? — Qu'appelle-t-on baccalauréat ès lettres? — baccalauréat ès sciences? — baccalauréat français? — A quoi servent ces grades?

XVIII. Instruction (*suite*). — L'enseignement supérieur

111. — L'enseignement **supérieur** comprend les **lettres, les sciences, la théologie, le droit, la médecine.**

112. — Cet enseignement est donné dans les **facultés** ou *réunions de professeurs* qui résident dans certaines grandes villes.

113. — Les facultés délivrent les grades ou diplômes de **bachelier** dont nous avons déjà parlé; ceux de **licencié** *ès lettres* et *ès sciences*, de *licencié en droit*, de **docteur** *ès lettres* ou *ès sciences*, de *docteur en droit, docteur en théologie, docteur en médecine* ou, ce qui est moins élevé, *officier de santé.*

114. — Le grade de licencié ès lettres ou ès sciences est nécessaire aux professeurs de l'enseignement secondaire; celui de docteur ès lettres ou ès sciences ou en théologie, aux professeurs d'enseignement supérieur dans les facultés; ceux de licencié ou de docteur en droit, aux avocats, et aux magistrats de l'ordre judiciaire; celui de docteur en médecine, ou au moins d'officier de santé, à ceux qui veulent exercer la profession médicale.

115. — L'enseignement supérieur est public et accessible à tous, moyennant paiement d'un droit dit d'**inscription.** En outre, pour passer les examens, il faut payer une certaine somme.

Exercice n° 18. — Quel est l'objet de l'enseignement supérieur? — Qu'entendez-vous par lettres, sciences, théologie, droit, médecine? — Où se donne l'enseignement supérieur? — Quels grades sont délivrés par les facultés ? — Quel grade est nécessaire aux professeurs des lycées et collèges ? — Aux professeurs de l'enseignement supérieur ? — Aux avocats et aux magistrats de l'ordre judiciaire ? — Aux médecins ? — L'enseignement supérieur est-il accessible à tous ? — En quoi consiste l'inscription ?

XIX. Ministère des Beaux-Arts

116. - Le ministère des **Beaux-Arts** est ordinairement rattaché à celui de l'Instruction publique, ou d'un autre.

117. — Le ministre des Beaux-Arts s'occupe de ce qu'on appelle *beaux-arts*, c'est-à-dire la **peinture, l'architecture, la sculpture, la musique, les théâtres.**

118. — Pour les jeunes gens qui veulent étudier la peinture la sculpture, l'architecture, il y a, à Paris, **l'école des Beaux-Arts.**

119. — Pour les musiciens et les artistes des théâtres, il y a, à Paris, le **Conservatoire de musique et de déclamation.**

120. — Le ministre des Beaux-Arts surveille et entretient les **musées** nationaux, c'est-à-dire les *recueils de tableaux, gravures, statues*, et autres productions des grands maîtres. Il veille aussi à l'entretien des **monuments classés comme historiques**, et dignes d'être conservés pour leur architecture, comme les cathédrales, les palais, etc.

Exercice n° 19. — Le ministère des Beaux-Arts est-il un ministère à part ? — Quelles en sont les attributions ? — Expliquez chacun des Beaux-Arts. — Où peut-on étudier la peinture, la sculpture, l'architecture ? — Où se forment les musiciens et les artistes des théâtres ? — Qu'appelez-vous musée ? — Qu'est-ce qu'un monument historique ? — Pourquoi le ministre des Beaux-Arts s'en occupe-t-il?

XX. — Ministère de la Justice

121. — Le ministre de la **Justice** dirige l'*administration judiciaire* de la France.

122. — Cette administration se compose de **magistrats**; le lieu où ils siègent s'appelle **tribunal.**

123. — Il y a dans chaque canton un tribunal de **justice de paix**, dans chaque arrondissement un **tribunal de première instance**, dans chaque département une **cour d'assises**, dans 26 autres grandes villes une **cour d'appel**, et à Paris une **cour de cassation.**

124. — Les membres des tribunaux se nomment **juges**; ceux des cours d'appel et de la cour de cassation se nomment **conseillers.**

125. — Afin de de donner aux juges toute l'*impartialité* et l'*indépendance* nécessaires à la justice, les magistrais, une fois *nommés par le Président de la République*, sont **inamovibles**, excepté ceux de l'Algérie. — Toutefois les juges de paix sont **amovibles.**

126. — Auprès des tribunaux qui jugent conformément aux lois, le gouvernement nomme *d'autres magistrats amovibles* qui **requièrent l'application des lois.**

127. — Cette magistrature prend le nom de **ministère public** ou **parquet.** On l'appelle aussi **magistrature debout** par opposition à la *magistature* **assise** qui n'est autre que les juges.

128. — Le *ministère public* est représenté auprès du juge de paix par le *maire* ou le commissaire de police; auprès des tribunaux de première instance par un **procureur** *de la République* et par un ou plusieurs **substituts**; auprès des cours d'appel et de la cour de cassation, par un **procureur général** et par un ou plusieurs **avocats généraux** et par des *substituts.*

129. — Toutes les fois qu'une infraction aux lois a été commise, le ministère public *la poursuit* et *prend la parole devant le tribunal* pour en demander le châtiment : de là son nom de magistrature debout, dont il est parlé plus haut.

Exercice nº 20. — Quelles sont les attributions du ministre de la Justice ? — Qu'est-ce qu'un magistrat ? — un tribunal ? —

Quels sont les tribunaux de France ? — Du ressort de quels tribunaux êtes-vous ? — Qu'appelle-t-on juges, conseillers ? — Pourquoi sont-ils inamovibles ? — Pourquoi les juges de paix ne le sont-ils pas ? — Qu'est-ce que le ministère public? — Par qui est-il représenté? — A quoi sert-il ? — Pourquoi le nomme-t-on magistrature debout? — Quest-ce que la magistrature assise? — Qu'est-ce qu'un procureur? — un substitut ? — un procureur général? — un avocat général ?

XXI. La justice civile

130. — Quand la justice juge des *différends entre les citoyens,* elle se nomme **justice civile.**

131. — Le premier tribunal de justice civile est celui du *juge de paix,* qui juge les petites contestations, après avoir essayé de *mettre la paix* entre les contestants, autrement de les *concilier* sans frais.

132. — Le juge de paix juge *sans appel* pour toute somme inférieure à 100 francs: Quand la somme est plus importante, les plaideurs mécontents de sa décision peuvent *en appeler* au tribunal de première instance.

133. — Les tribunaux de première instance jugent toute contestation civile, mais les plaideurs peuvent encore en appeler de leurs décisions à la *cour d'appel,* qui confirme ou réforme la sentence.

134. — Après le jugement de la cour d'appel la *chose est jugée;* seulement il est permis encore de s'adresser à la *cour de cassation,* qui peut casser le jugement pour **vice de forme** et provoquer un nouveau jugement.

135. — Auprès de chaque tribunal est un **greffier** qui écrit les arrêts et jugements, en garde l'original et en délivre des copies. Il y a aussi un ou plusieurs **huissiers** chargés d'*assigner* ou appeler devant les tribunaux, de *signifier* ou faire connaître les actes judiciaires, de *mettre les gens en demeure* d'exécuter leurs engagements, etc. — Un greffier et un huissier peut *vendre sa charge* à son successeur.

1**

136. — Dans tout procès, les plaideurs constituent un **avoué** qui fait pour eux toute démarche auprès des tribunaux, et ils se font défendre par un **avocat** qui parle en leur nom.

Exercice n° 21. — Qu'est-ce que la justice civile? — Quel en est le premier tribunal ? — Pourquoi le juge de paix est-il ainsi nommé ? — Quelle est l'étendue de sa juridiction ? — Que veut dire en appeler à un autre tribunal ? — Quand la contestation est jugée par le tribunal civil de première instance, à qui peut-on en appeler ? — Le jugement de la cour d'appel est-il définitif ? — Quel est le rôle de la cour de cassation? — Qu'est-ce qu'un greffier ? — un huissier ? — un avoué ? — un avocat ?

Exercice n° 21 bis (de rédaction). — L'élève fera l'histoire d'un procès devant la justice de paix.

XXII. La justice criminelle

137. — Quand la justice juge une **contravention** (1) ou *infraction légère aux lois*, un **délit** ou violation plus grave, un **crime** ou *attentat très grave*, elle se nomme **justice criminelle.**

138. — La justice criminelle est rendue, *pour les contraventions*, par les tribunaux de **simple police** ou du juge de paix, qui ne peuvent prononcer plus de 15 fr. d'amende et plus de 5 jours de prison; pour les *délits* par les **tribunaux correctionnels** qui sont les tribunaux de première instance et par les **cours d'appel** où sont portés les appels des tribunaux correctionnels; pour les *crimes*, par la **cour d'assises.**

139. — La cour d'assise se compose : 1° de **trois magistrats** dont *un, qui est toujours conseiller de cour d'appel,* se nomme **président,** et les *deux autres* s'appel-

(1) Faire circuler pendant la nuit une voiture non pourvue de lanterne allumée, est une contravention punissable de 6 à 10 fr. d'amende, et d'un emprisonnement de 1 à 3 jours. — Ceux qui ne pratiquent pas l'échenillage de leurs arbres, avant le mois de mars, commettent aussi une contravention punissable de 1 à 5 fr. d'amende; de même, ceux qui maltraitent les animaux, contreviennent à la loi Grammont, et s'exposent à une amende de 5 à 15 fr. et à un emprisonnement de 1 à 5 jours.

lent **juges**; 2º de *douze citoyens* formant ce qu'on appelle le **jury**.

140. — Pour être membre de jury ou **juré**, il faut : 1º avoir 30 ans accomplis; 2º jouir de ses droits civils et politiques; 3º savoir lire et écrire, ne pas avoir été condamné à des peines afflictives et infamantes; 5º n'être ni failli, ni interdit, ni député, ministre, juge, et en général fonctionnaire. (Loi du 21 novembre 1872.) Les fonctions de jurés sont *obligatoires, sous peine de forte amende,* excepté pour les septuagénaires et ceux qui ont besoin de leur travail manuel pour vivre.

141. — Tous les ans, dans la première quinzaine d'août, les maires des communes de chaque canton se réunissent chez le Juge de paix pour dresser la liste préparatoire du jury. La liste définitive départementale est arrêtée, dans l'ordre alphabétique, par le président du tribunal chef-lieu d'assises. Cette liste contient un juré par 500 habitants et ne peut dépasser 600 pour tout le département.

142. — *Dix jours avant les assises, on tire au sort* sur cette liste les noms de *36 jurés* et de 4 suppléants; et, *avant l'ouverture de l'audience, on tire* parmi ces 36 noms les *douze jurés qui forment le jury de jugement.*

143. — Après que le ministère public a développé l'accusation, le président de la cour d'assises interroge l'accusé et les témoins et dresse la liste des questions à poser au jury; les avocats présentent la défense, et le jury, après avoir délibéré, déclare par *oui* ou par *non* si l'accusé est innocent ou coupable, et, dans ce dernier cas, s'il existe en sa faveur des *circonstances* **atténuantes** : alors les juges prononcent l'acquittement ou la condamnation de l'accusé.

144. — La sentence des cours d'assises est *sans appel;* seulement le jugement peut être cassé par la cour de cassation, pour un défaut de forme, et alors l'accusé est renvoyé devant une autre cour d'assises pour être jugé de nouveau.

Exercice n° 22. — Qu'est-ce que la justice criminelle ? — Quels tribunaux jugent les contraventions ? — les délits ? — les crimes ? — Qu'est-ce qu'une contravention ? — un délit ? — un crime ? — Citez en des exemples. — Qu'est-ce qu'une cour d'assises? — un jury? — un juré ? — Que faut-il pour être juré? Peut-on refuser d'être juré? — Qui dresse la liste des jurés ? — Combien comprend-elle de membres ? — Combien de jurés sont tirés au sort dix jours avant les assises ? — Combien sont tirés de nouveau avant l'ouverture de la session? — Que fait le ministère public? — le président ? les avocats? — le jury? — Qui prononce la sentence? — Qu'appelez-vous circonstances atténuantes ? — Le jugement des cours d'assises est-il définitif?

XXIII. Justice spéciale

145. — Il y a des citoyens qui sont soumis à une justice **spéciale** : ce sont les **commerçants**, les **ouvriers et patrons**, les **militaires**.

146. — Les commerçants, *pour leurs affaires de commerce seulement*, sont jugés, dans les endroits où ils sont assez nombreux, par un **tribunal de commerce** dont les *juges sont élus par les commerçants* eux-mêmes.

147. — Les *contestations entre ouvriers et patrons* sont jugées par les **tribunaux** de **prud'hommes**. Les prud'hommes sont élus moitié par les ouvriers et moitié par les patrons.

148. — Les militaires et marins, présents sous les drapeaux, sont jugés par des tribunaux militaires, nommés **conseils de guerre**, dont la sévérité est plus grande que celle des tribunaux ordinaires, à cause de la *discipline* qui doit régner dans l'armée.

149. — Mais devant quelque tribunal que ce soit, ordinaire ou exceptionnel, *la loi est la même pour tous les citoyens*, et les juges ne peuvent juger que *d'après des lois écrites*, jamais à leur fantaisie.

150. — Les lois écrites forment plusieurs recueils nommés **codes**. Il y a le **code civil**, le **code de procédure**, le **code d'instruction criminelle** le **code**

pénal, et les codes spéciaux de **commerce, rural, forestier, militaire, etc.**

Exercice n° 23. — Quels sont les citoyens qui sont jugés par des tribunaux spéciaux ? — Pourquoi ? — Qu'est-ce qu'un tribunal de commerce ? — Où se trouve-t-il ? — Qu'est-ce qu'un tribunal de prud'hommes ? — Par qui sont nommés les juges du tribunal de commerce et du tribunal de prud'hommes ? — Qu'est-ce qu'un conseil de guerre ? — Pourquoi la sévérité y est-elle grande ? — Quelle est la base du jugement des tribunaux ? — Qu'appelez-vous lois écrites ? — Connaissez-vous des lois qui ne sont pas écrites ? — Qu'est-ce qu'un code ? — Combien en connaissez-vous ?

XXIV. Ministère des Cultes

151. — Le ministre des cultes dirige les rapports entre le gouvernemet et les *cultes* **reconnus par l'Etat.** Il n'y a pas de ministre spécial des cultes ; ce ministère est ordinairement rattaché à un autre, celui de la justice par exemple,

152. — Il y a, en France, *trois cultes* reconnus par l'Etat : le culte **catholique romain,** le culte **protestant,** et le culte **juif** ou **israélite.** C'est le culte catholique qui compte le plus d'adhérents.

153. — Le ministre des cultes *n'exerce pas son action sur les croyances religieuses,* ce qui serait une *atteinte à la liberté de conscience;* mais il s'occupe des *rapports temporels* entre les ministres des cultes et l'Etat.

154. — Ces rapports, *en ce qui concerne le culte catholique,* ont été fixés par un traité célèbre, nommé **concordat,** conclu en juillet 1801 entre le pape Pie VII et le premier Consul Napoléon Bonaparte. D'après ce traité, la France est divisée en **archevêchés,** aujourd'hui au nombre de 17, comprenant plusieurs **évêchés** ou **diocèses,** aujourd'hui au nombre de 69, lesquels se divisent en **cures** ou **doyennés,** une au moins par justice de paix, c'est-à-dire par canton, et ces cures se divisent en

paroisses, administrées par des **desservants,** assistés, comme les curés, s'il y a lieu, par des **vicaires.**

154. — Les archevêques se nomment aussi **métropolitains** et les évêques de leur ressort **suffragants.** Les évêques sont assistés d'un conseil nommé **chapitre** et composé de **chanoines.**

155. — Le ministre des cultes, ou par lui le gouvernement, *nomme* les archevêques et évêques, auxquels, *s'il les trouve convenables,* le pape donne **l'institution canonique,** c'est-à-dire *le caractère épiscopal et les pouvoirs religieux.* Chaque évêque a un ou plusieurs **vicaires généraux** *agréés par le gouvernement.*

156. — Les évêques nomment les curés et les desservants, mais la *nomination des premiers doit être agréée* par le gouvernement; et alors ils sont *inamovibles.*

Exercice n° 24. — Y a-t-il en France un ministre spécial pour les cultes? — De quoi s'occupe-t-il ? — Dirige-t-il les croyances des Français ? — Pourquoi ? — Combien de cultes reconnus en France ? — Que veut dire ce mot reconnu ? — Qu'est-ce que le Concordat? — Quelle est l'organisation du culte catholique en France ? — Qu'est-ce qu'un diocèse? — une cure ? — une paroisse ? — un vicaire ? — un métropolitain ? — un suffragant ? — un doyen? — un desservant ? — De quelle paroisse et de quel diocèse êtes-vous ? — Qu'est-ce qu'un vicaire — Par qui sont nommés les desservants — les curés ? — les évêques ? — Qu'est-ce que l'institution canonique? — Qu'est-ce qu'un vicaire général? — un chanoine? — un chapitre?

XXV. Ministère des Cultes (*suite*)

157. — Autrefois le clergé catholique *possédait des biens considérables,* avec le produit desquels il vivait; de plus il percevait la *dîme,* les *glanes,* etc. Ces biens ont été pris par la nation et vendus à son profit pendant la Révolution. En échange le gouvernement s'est engagé par le Concordat à *fournir un traitement fixe* aux évêques, curés, etc. Le ministre des cultes veille à l'exécution de cet engagement.

158. — Dans le cas où l'Etat ne s'occuperait plus des cultes, il y aurait **séparation de l'Église** et de **l'État**, et le clergé devrait vivre de ses ressources ou être payé par ses coreligionnaires.

159. — Le gouvernement *paye aussi les prêtres des protestants et des juifs ;* de plus, il *subventionne* le culte **musulman** en Algérie.

160. — Les *deux églises protestantes* reconnues par l'Etat sont la **communion réformée** ou **calviniste**, et, la **communion de la confession d'Augsbourg** ou **luthérienne.** Dans l'une et l'autre, les paroisses sont administrées par des **pasteurs**, au-dessus desquels sont établis des **consistoires.** Dans l'église calviniste au-dessus des consistoires est le **Synode.** La maison de prière des protestants se nomme **temple.**

161. — Les prêtres juifs se nomment **rabbins**, soumis à des **consistoires**, soumis eux-mêmes à un *consistoire central.* Leur lieu de réunion pour prier se nomme **synagogue.**

Exercice n° 25. — Comment le clergé catholique vivait-il autrefois? — Qu'est-ce que la dîme, la glane ? — Que [sont devenus les biens du clergé? — Comment le clergé vit-il aujourd'hui ? — Qu'est-ce que la séparation de l'Eglise et de l'Etat ? — Le gouvernement paye-t-il les prêtres des autres cultes ? — Combien de sortes de protestants ? — Expliquez l'origine des deux communions protestantes. — Qu'est-ce qu'un pasteur? — un consistoire? — un synode? — un temple ? — Comment est organisé le culte juif? — Qu'est-ce qu'une synagogue ? — un rabbin ? — Quelle loi religieuse suivent les juifs ? — Que savez-vous du culte musulman ?

XXVI. Ministère de la Guerre

162. — Le ministre de la guerre s'occupe d'organiser le **service militaire** suivant les lois votées par les Chambres.

163. — La guerre est l'état de **lutte armée** entre deux ou plusieurs peuples. Elle prend le nom de **guerre**

civile quand elle se fait entre les citoyens d'un même pays.

164. — Les *causes de la guerre* se résument presque toutes dans l'*ambition*, le *désir de dominer*. Autrefois les guerres étaient très fréquentes parce que les rois croyaient pouvoir disposer de la vie de leurs sujets pour vider leurs différends personnels, ou pour acquérir une vaine gloire. A mesure que les nations se gouverneront elles-mêmes, les guerres deviendront plus rares, parce que les peuples y regarderont à deux fois avant d'aller se faire tuer. Toutefois *il ne faut pas plus espérer l'abolition de la guerre que l'extinction des passions* du cœur de l'homme. C'est pourquoi toutes les nations ont une organisation militaire ou une **armée.**

165. — En France, d'après la loi du 27 juillet 1872, tous les citoyens doivent le service militaire, depuis l'âge de 20 ans jusqu'à 40 ans.

166. — Tous les jeunes gens qui ont atteint 20 ans dans l'année forment ce qu'on appelle la **classe** de cette année. *Avant le 31 décembre, ils doivent se faire inscrire,* ou *sont inscrits d'office, à la mairie de leur domicile* sur des registres appelés **tableaux de recensement.** C'est ce qu'on nomme la **conscription.** — Le domicile des jeunes gens est celui de leurs parents ou de leur tuteur.

167. — Tous les jeunes gens du même canton sont convoqués par le Préfet, au *chef-lieu de canton*, dans les premiers jours de l'année suivante, à l'effet de **tirer au sort.**

168. — *Ce tirage*, présidé par le Sous-Préfet, *a pour but* de donner à chaque conscrit un **numéro** suivant lequel il fera partie de l'*armée de mer* ou de l'*armée de terre*, et, dans celle-ci, de *ceux qui font cinq ans* de service ou de *ceux qui ne font qu'un an.*

169. — Quelque temps après le tirage a lieu la **revision** des conscrits, c'est-à-dire leur examen par un *conseil composé du Préfet*, président, d'un *conseiller géné-*

ral, d'un *médecin militaire,* etc. Ceux qui *sont reconnus infirmes,* ou *ayant moins de 1ᵐ 54 de taille,* sont *réformés* ou *classés dans les services auxiliaires;* ceux qui sont *trop faibles sont ajournés* à une autre année; ceux qui sont propres au service forment le *contingent de la classe* dont *les plus bas numéros sont affectés à l'armée de mer,* les autres, jusqu'à un certain numéro déterminé par le ministre *forment la première partie du contingent et font cinq ans de service,* les derniers *forment la seconde partie du contingent* et ne font *qu'un an* au *plus.* — Pour ne faire qu'un an il faut savoir lire et écrire.

Exercice n° 26. — Quelles sont les attributions du ministre de la Guerre ? — Qu'est-ce que la guerre ? — Quelles en sont les causes ? — Pourquoi les guerres ont-elles été autrefois si fréquentes ? — Peut-on espérer l'abolition de la guerre ? — D'après quelle loi les Français sont-ils organisés en vue de la guerre ? — Combien de temps sont-ils astreints au service militaire ? — Qu'est-ce que la conscription ? — Qu'appelle-t-on classe ? — A quel âge est-on soumis à la conscription ? — Où doit-on se faire inscrire ? — Dans quel temps de l'année ? — Qu'est-ce que le tirage au sort ? — Où se fait-il ? — Quel en est le but ? — Qu'est-ce que la revision ? — Par qui est-elle faite ? — Quels sont ceux qui sont réformés ? — ajournés ? — Parmi ceux qui sont reconnus propres au service, que deviennent les bas numéros? — les hauts numéros ? — Qu'appelle-t-on première partie et seconde partie du contingent ?

XXVII. Ministère de la Guerre (*suite*)

170. Les soldats, présents ou non sous les drapeaux, appartiennent pendant *cinq ans* à l'**armée active,** pendant *quatre ans* à la **réserve** de l'armée active, pendant *cinq ans* à l'**armée territoriale,** pendant *six ans* à la **réserve de l'armée territoriale.**

171. — En cas de guerre, *l'armée active,* et, si c'est nécessaire, la *réserve de l'armée active* **marchent contre l'ennemi,** *l'armée territoriale* occupe les garnisons dans les villes, fait le service des forteresses etc. ; la *réserve*

de l'armée territoriale veille à la tranquillité intérieure, garde les prisonniers, etc.

172. — Un mois avant son passage d'une catégorie de l'armée à l'autre, tout homme *doit déposer son livret à la mairie* de sa localité, pour être transmis au bureau de recrutement qui y inscrit la nouvelle situation militaire de l'individu.

173. — *Tout homme qui change de domicile ou de résidence,* ou même *s'absente pour deux mois doit déclarer ce changement ou cette absence* à la mairie du lieu qu'il quitte et de celui où il se rend, et faire *viser son livret* au point de départ et d'arrivée par le commandant de la brigade de gendarmerie.

174. — Les hommes de la *réserve de l'armée active* sont rappelés au service actif, à certaines époques, pour une *période de 28 jours,* et *ceux de l'armée territoriale* pour une *période de 13 jours,* afin de prendre part aux manœuvres de l'armée et de ne pas oublier le métier.

175. — La loi admet quelques *exceptions à l'obligation* du service militaire : 1º pour les hommes qui ont un *frère sous les drapeaux ;* 2º pour les *soutiens de famille,* comme fils de veuve, fils de père aveugle ou septuagénaire ; 3º pour les *membres de l'enseignement* qui s'engagent, avant leur tirage, à enseigner pendant 10 ans ; 4º pour les *étudiants ecclésiastiques.*

176. — En outre, les jeunes gens qui *se destinent aux carrières libérales,* qui ont de grandes études à faire, sont admis, après justification de capacité par un examen ou par des diplômes, à contracter un **engagement conditionnel d'un an**, moyennant le versement de 1500 francs destinés à leur équipement. Ils ne font qu'un an de service actif, si leur conduite est bonne, et si leur instruction militaire est jugée suffisante au bout de l'année.

177. — Enfin il y a des hommes *indignes d'être soldats :* ce sont ceux qui ont subi des condamnations graves.

Ils sont ordinairement incorporés dans des *compagnies de discipline*.

Exercice n° 27. — Combien de temps les hommes appartiennent-ils à l'armée active ? — à la réserve de l'armée active ? — à l'armée territoriale ? — à la réserve de l'armée territoriale ? — Quel est le rôle de chacune de ces armées ? — Que doit faire l'homme qui doit passer d'une catégorie de l'armée à l'autre ? — Que doit faire l'homme qui change de domicile ou de résidence? — Pourquoi ? — Les réservistes et les territoriaux ne sont-ils pas rappelés à certaines époques sous les drapeaux ? — Pourquoi? — Quels sont ceux qui sont dispensés du service militaire ? — Qu'est-ce que le volontariat d'un an ? — Pourquoi a-t-il été établi ? — N'y a-t-il pas des hommes indignes d'être soldats? — Qu'en fait-on?

XXVIII. Ministère de la Guerre (*suite*)

178. — On distingue dans l'armée française *différentes armes* qui sont : **l'infanterie** ou hommes à pied, la **cavalerie** ou hommes à cheval, l'**artillerie** chargé de la manœuvre des canons, le **génie** chargé des travaux de fortifications et de défense, etc. On peut encore ajouter la **gendarmerie** qui comprend des hommes à pied et des hommes à cheval.

179. — Au bout de *six mois*, un soldat peut devenir **caporal** dans l'infanterie et **brigadier** dans la cavalerie ou l'artillerie ; puis, six mois après, il peut devenir **sergent** (**maréchal des logis** dans la cavalerie), ensuite **sergent-major** (**maréchal des logis chef** dans la cavalerie) et **adjudant**. Ce sont les *sous-officiers*.

180. — Au dessus des sous-officiers, sont les *officiers :* **sous-lieutenant, lieutenant, capitaine;** puis les officiers supérieurs : **chef de bataillon** ou **commandant** (**chef d'escadron** dans la cavalerie), **lieutenant-colonel** et **colonel ;** puis les *officiers généraux :* **général de brigade** et **général de division**. — Le maréchalat est la *plus haute dignité* de l'armée.

181. — La France est divisée en *18 régions militaires* ou *18 corps d'armée*, commandés par un général de division : chaque corps comprend plusieurs *divisions* ou brigades commandées chacune par un général de brigade ; chaque brigade comprend plusieurs *régiments* commandés chacun par un colonel ; le régiment se subdivise en *bataillons* commandés par un chef de bataillon ou commandant, et le bataillon en *compagnies* commandées par un capitaine ayant sous lui le lieutenant, le sous-lieutenant et les sous-officiers.

182. — Paris et Lyon forment deux grands commandements. — L'Algérie forme la 19e région.

183. — Il existe en France plusieurs *écoles militaires :* l'école de **Saint-Cyr** pour les officiers de l'infanterie et de la cavalerie; l'école **polytechnique** pour les officiers du génie et de l'artillerie; l'école **supérieure de la guerre** où les officiers admis après concours se perfectionnent dans la science militaire. — Il y a encore une *école militaire préparatoire* ou **prytanée** à la Flèche, une *école de cavalerie* à Saumur; une école d'élèves officiers à Versailles, etc., etc.

184. — Les militaires qui se sont distingués par leurs services peuvent obtenir la **médaille militaire** qui est accompagnée d'une gratification annuelle de 100 francs, ou encore la **croix de la Légion d'honneur** avec une allocation annuelle de 250 francs.

Exercice n° 28. — Combien de sortes d'armes dans l'armée française ? — Qu'entendez-vous par armes ? — Quel est le premier degré ou grade au-dessus du simple soldat? — A combien d'hommes commande le caporal ? — Nommez les sous-officiers ? — Quels sont les officiers proprement dits ? — les officiers supérieurs ? — les officiers généraux ? — Qu'est-ce que le maréchalat ? — Combien de régions militaires en France ? — Qu'est-ce qu'un corps d'armée ? — Dans quel corps d'armée se trouve compris votre département? — Quel général le commande ? — Qu'est-ce qu'une brigade ? — un régiment ? — un bataillon ? — une compagnie ? — Quelles sont les écoles militaires que vous connaissez ? — Qu'est-ce que la médaille militaire? — Qu'est-ce que la Croix de la Légion d'honneur ? — Quels avantages pécuniaires sont attachés à ces décorations?

XXIX. Ministère de la Marine et des Colonies

185. — Le ministère de la Marine est chargé de l'organisation de **l'armée de mer,** de l'équipement de la **flotte,** de la défense des **colonies.**

186. — Notre marine se *recrute* par **l'inscription maritime,** qui consiste en ce que *tous les habitants des côtes françaises, s'adonnant à la pêche ou à la navigation, sont inscrits de 18 à 50 ans, sur des registres spéciaux,* et peuvent être requis pour le service de la flotte. En *temps de paix,* ils font **trois ans** de service à bord des vaisseaux de l'Etat. En *temps de guerre,* la levée se fait dans l'ordre suivant : d'abord les *célibataires,* ensuite les *veufs sans enfants,* puis les hommes *mariés sans enfants,* puis enfin les pères de famille.

187. — Outre les marins provenant de l'inscription maritime, l'armée de mer comprend : 1º des *engagés volontaires ;* 2º des *jeunes gens,* qui, au moment de l'opération du conseil de revision, *demandent* à entrer dans un des corps de la marine; 3º à défaut d'un nombre suffisant d'hommes des catégories précédentes, *des jeunes gens qui ont tiré les plus bas numéros.*

188. — Pour les hommes qui ne proviennent pas de l'inscription maritime, le *temps de service actif est de cinq ans* et de *deux ans dans la réserve;* ces hommes passent ensuite dans l'armée territoriale.

189 — Les *inscrits ont seuls droit de pêche et de navigation.* Ils commencent par être **mousses,** puis **novices, matelots, quartiers - maîtres, seconds - maîtres, maîtres, premiers-maîtres :** ce sont les hommes de l'équipage. Au-dessus sont les *officiers* qui portent les noms de : **aspirant, enseigne de vaisseau, lieutenant de vaisseau, capitaine de frégate, capitaine de vaisseau, contre-amiral, vice-amiral, amiral.**

190. — Il y a, à Brest, une *école des mousses de l'Etat,* pour les fils de marins de 13 à 14 ans, et une **école na-**

vale, établie sur le vaisseau le **Borda**, qui reçoit, au concours, des jeunes gens de 14 à 17 ans se destinant à être officiers de marine.

191. — Le littoral de la France est divisé en **cinq arrondissements maritimes** qui ont pour chefs-lieux: Cherbourg, Brest, Lorient, Rochefort, Toulon. L'arrondissement est divisé en *sous-arrondissements, quartiers, sous-quartiers, syndicats*.

192. — Chaque arrondissement est administré par un *Préfet maritime*.

193. — Les *colonies* sont administrées chacune par *un gouverneur* qui dépend du ministre de la marine.

Exercice n° 29. — Quelles sont les attributions du ministre de la marine ? — Comment l'armée de mer se recrute-t-elle ? — Qu'est-ce que l'inscription maritime ? — Quel privilège ont les inscrits ? — Combien de temps passent-ils dans le service actif? — Comment sont-ils appelés en temps de guerre ? — L'armée de mer comprend-elle d'autres soldats que les inscrits ? — Dites d'où ils proviennent. — Combien de temps sont-ils au service actif ? — dans la réserve ? — dans l'armée territoriale? — Quels sont les hommes de l'équipage ? — Nommez les officiers de marine en suivant l'ordre des grades. — Quelles écoles pour les marins connaissez-vous ? — Comment se divise le littoral français sous le rapport maritime ? — Quels sont les chefs-lieux d'arrondissement ? — Comment se divise l'arrondissement ? — Qu'est-ce qu'un préfet maritime ? — Comment sont gouvernées les colonies ?

XXX. Ministère de l'Agriculture et du Commerce

194. — Le ministre de l'agriculture et celui du commerce veillent aux intérêts **agricoles, commerciaux, et industriels** de la France.

195. — Le ministre de l'agriculture organise et subventionne les **concours généraux** où les cultivateurs *exposent leurs plus beaux produits* et reçoivent des récompenses. Il accorde aussi des secours aux **comices agricoles,** établis dans la plupart des cantons par des

municipalités ou des sociétés privées, afin de récompenser les agriculteurs méritants.

196. — Du ministère de l'agriculture dépendent les **écoles d'agriculture de Grignon**, de **Grandjouan** et de **Montpellier**, et certaines autres écoles dites **fermes-écoles**, établies par les départements. — Il y a aussi une **école de Bergers** à Rambouillet.

197. — De plus à *Alfort, Lyon* et *Toulouse* l'État entretient des **écoles vétérinaires** où s'instruisent ceux qui se destinent à soigner les animaux.

198. — Le ministre de l'agriculture s'occupe encore de l'exploitation des forêts de l'Etat, et entretient, à *Nancy,* une **école forestière** où sont admis au concours ceux qui veulent apprendre l'exploitation des forêts nationales.

199. — Le ministre de l'agriculture *accorde aussi des secours* aux agriculteurs éprouvés par des pertes de bestiaux, des grêles, des inondations, etc.

200. — Le ministre du Commerce a sous ses ordres le **conservatoire des arts et métiers** de Paris, et les **écoles des arts et métiers** d'Angers, Aix, Châlons, Nevers, où les jeunes gens qui se destinent au commerce ou à l'industrie se familiarisent avec les grandes inventions, les machines, etc.

201. — Le ministre du commerce délivre, aux inventeurs qui le demandent, un **brevet d'invention,** moyennant lequel, en payant chaque année 100 francs à l'Etat, l'inventeur a seul le droit, pendant 15 ans au plus, d'exploiter son invention : le gouvernement garantit le droit de l'inventeur, mais non le mérite de l'invention ; c'est pourquoi à la suite du mot breveté, on lit d'ordinaire ces lettres S. G. D. G. qui signifient *sans garantie du gouvernement* (1).

202. — Dans chaque département il y a des **cham-**

____

(1) V. loi du 5 juillet 1844, *Bulletin des Lois,* 9ᵉ série, tome XXIX, p. 13.

bres de commerce qui font parvenir leurs *vœux* au gouvernement.

Exercice n° 30. — Quelles sont les attributions des ministres de l'Agriculture et du Commerce ? — Qu'est-ce qu'un concours général ? — Quel en est le but ? — Où se trouvent-ils ? — Qu'est-qu'un comice agricole ? — En avez-vous vu ? — Où ? — Qui en fait les frais ? — Dans quelles écoles peut-on étudier l'agriculture ? — Qu'est-ce qu'une ferme-école ? — Y en a-t-il dans votre département ? — Où se trouve l'école de bergers ? — Qu'appelez-vous écoles vétérinaires ? — Où se trouvent-elles ? — Où apprend-on à exploiter les forêts ? — A qui le ministère de l'Agriculture donne-t-il des secours ? — Dans quelles écoles peut-on apprendre le commerce et l'industrie ? — Qu'est-ce qu'un brevet d'invention ? — Quel droit confère-t-il ? — Que signifient les lettres S. G. D. G.

XXXI. Ministère des Travaux publics

203. — Le ministre des *travaux publics* surveille les grands *travaux entrepris par l'Etat,* ou *soumis à l'autorisation* de l'Etat, comme les chemins de fer, les canaux, les mines, les routes, etc.

204. — Les agents de ce ministère sont les **ingénieurs** qui sortent de *l'école polytechnique* ou de l'école des *Ponts et chaussées*, puis au-dessous des ingénieurs, les **conducteurs des Ponts et chaussées**, les **piqueurs**, les **cantonniers**, etc.

205. — A ce ministère on peut rattacher les **agents voyers départementaux, agents voyers d'arrondissement, agents voyers cantonaux et cantonniers** qui s'occupent de l'entretien des chemins vicinaux et des routes départementales, mais qui sont payés par le département et en dépendent.

206. — Pour les *mines*, l'Etat entretient une **école de mineurs** à Alais (Gard).

Exercice n° 31. — De quoi s'occupe le ministre des Travaux publics ? — Que veut dire le mot travaux publics ? — Quels sont les agents de ce ministère ? — Où se forment les ingénieurs ? —

Qu'appelle-t-on agents voyers ? — Quelles sont leurs attributions? — De qui dépendent-ils ? — Où peut-on étudier l'exploitation des mines ?

XXXII. Ministère des Finances

207. — Le *ministre des finances* administre les finances ou l'**argent de l'Etat;** il prépare le **budget** des recettes et des dépenses, le **soumet aux Chambres,** fait *percevoir les impôts, paie les dépenses* régulièrement effectuées, etc. En un mot il tient la **comptabilité** générale de l'Etat.

208. — Tout l'argent de l'Etat provient des **impôts** votés par les chambres.

209. — *Impôt veut dire paiement imposé;* on l'appelle plus justement **contribution** parce que, par l'impôt, chacun *contribue à payer les avantages* dont il jouit dans la société : *l'armée* qui défend la patrie, les *fonctionnaires* qui la servent, les *gendarmes* qui mettent l'ordre, les *écoles* où les enfants sont instruits, les *routes* qui facilitent le commerce, les *hospices* où les pauvres sont recueillis, etc., etc.

210. — L'impôt est **égal pour tous en proportion** des facultés de chacun.

211. — Il y a plusieurs sortes d'impôts ou contributions : 1º les **contributions directes** qui *frappent personnellement et nominativement* le contribuable ; 2º les **contributions indirectes** qui frappent *non la personne,* mais *les objets de consommation,* de manière que ce sont les fabricants ou les marchands qui paient la taxe, et la recouvrent sur le consommateur en vendant à ceux-ci les objets plus cher ; 3º divers **impôts communaux** dont le produit est destiné aux communes.

Exercice nº 32. — Quelles sont les attributions du ministre des Finances ? — Qu'est-ce que le budget de l'État ? — Par qui est-il préparé ? — Par qui est-il voté et arrêté ? — Quelle est la source des finances publiques ? — Par qui l'impôt est-il voté ? — Que veut dire le mot impôt ? — Quel nom plus juste donne-t-on à l'impôt ? — Pourquoi ? — A quoi servent les impôts ? — En quoi consiste l'égalité de l'impôt ? — Combien de grandes sortes d'impôts en France ? — Qu'entendez-vous par contributions directes ? — par contributions indirectes ? — par impôts communaux ?

Exercice n° *32 bis* (de rédaction). — L'élève exposera dans une lettre à un ami ce que sont les impôts en France et quelle en est l'utilité.

XXXIII. Finances (*suite*). — Les contributions directes

212. — Il y a cinq sortes de *contributions directes :* la contribution **foncière**, la contribution **personnelle**, la contribution **mobilière**, la contribution des **portes et fenêtres**, la contribution des **patentes**.

213. — La contribution foncière est établie sur les **biens fonds**, terres et maisons. Pour cela on a *mesuré*, classé, évalué toutes les parcelles de terrain et toutes les maisons de chaque commune, et on les a inscrites sur un registre appelé **matrice cadastrale**, qui se trouve dans toutes les mairies, avec un *plan* desdites parcelles appelé **plan cadastral ;** on a additionné le **revenu** de toutes les terres et maisons, et l'on a divisé par ce revenu la part d'impôts attribuée à la commune par le conseil d'arrondissement : le *nombre de centimes attribué à un franc de revenu* s'appelle **centime le franc**. Les conseils municipaux peuvent y ajouter d'autres centimes dits *additionnels*.

214. — Sur la matrice cadastrale, chaque propriétaire a sa page ou son **folio**, où toutes ses propriétés sont inscrites, avec leur contenance, leur classe et leur revenu; et il peut se rendre compte ainsi de ce qu'il doit d'impôts. *Quand il vend* son bien, il doit veiller à ce que la **mutation** ou le changement dans le nom du nouveau propriétaire soit faite sur la matrice cadastrale.

215. — La contribution *personnelle* est due par tout homme *non réputé indigent;* en général elle est égale à

trois journées de travail dont le prix ne peut être inférieur à 0 fr. 50 chacune.

216. — La contribution *mobilière* est due pour toute habitation meublée; elle est calculée sur la *valeur locative* de l'appartement habité.

217. — La contribution des *portes et fenêtres* est établie sur les *ouvertures extérieures des maisons habitées*, et d'après un tarif qui varie suivant la population des communes.

218. — La contribution des *patentes* est due par tout individu *exerçant un commerce ou une industrie*. Elle se compose d'un *droit fixe* basé sur les classes de professions et la population communale, et d'un *droit proportionnel au loyer* d'habitation; plus des centimes additionnels.

219. — On peut considérer aussi comme contributions directes l'impôt sur les **billards**, l'impôt sur les **chevaux et voitures** (1).

220. — La loi du 2 juillet 1862, remise en vigueur par la loi du 16 septembre 1871, taxe toute *voiture attelée suspendue*, et tout *cheval affecté au service personnel* du propriétaire et de sa famille. Cet impôt, qui varie suivant la population des communes, est au minimum de 10 francs pour une voiture à 4 roues, de 5 francs pour une voiture à 2 roues et 5 francs pour un cheval. Les chevaux et voitures *employés aux travaux de l'agriculture* ou *d'une profession patentée* ne sont passibles que de la *demi-taxe*.

221. — Les propriétaires doivent *déclarer exactement* leurs voitures suspendues et leurs chevaux, sous peine de *double-taxe*.

(1) Il y a encore un impôt sur toutes les valeurs françaises, excepté la rente; cet impôt se calcule ainsi : 1° valeurs au porteur, 0 fr. 20 par 100 fr. calculé sur le cours moyen du titre pendant le semestre, plus 3 0/0 du montant des intérêts; 2° valeurs nominatives, 3 0/0 du montant des intérêts, plus un droit de 0 fr. 50 au moment de la conversion du titre au porteur en titre nominatif; 3° pour les titres sortis au tirage, il y a 3 0/0 d'impôt sur la prime de remboursement.

222. — Un vingtième de cet impôt est attribué aux communes.

Exercice n° 33. — Combien de sortes de contributions directes ? — Qu'est-ce que la contribution foncière ? — Comment s'y est-on pris pour taxer les champs et les maisons ? — Qu'est-ce que le cadastre ? — la matrice cadastrale ? le plan cadastral ? — Où se trouvent ces pièces ? — Qu'est-ce que le centime le franc ? — Comment un propriétaire peut-il se rendre compte de l'impôt foncier qu'il doit ? — Qu'appelez-vous mutations ? — Qu'est-ce que la contribution personnelle ? — Quelle en est la base ? — Qu'est-ce que la contribution mobilière ? — Comment est-elle calculée ? — Qu'est-ce que l'impôt des portes et fenêtres ? — Quelles ouvertures sont taxées ? — Que veut dire le mot patente ? — Quels sont les assujettis à la patente ? — Quelle est la base de cet impôt ? — Connaissez-vous d'autres contributions directes ? — Quelles voitures et quels chevaux sont soumis à l'impôt ? — Comment cet impôt est-il basé ? — Quelles voitures et quels chevaux sont passibles de la demi-taxe ? — de la double taxe ? — Les communes n'ont-elles pas une part de cet impôt ?

XXXIV. Finances (*suite*). — Les agents des contributions directes

223. — Il y a deux sortes d'agents des contributions directes : les agents de **répartition** et les agents de **recouvrement**.

224. — Les agents de *répartition* sont ceux qui dressent les **rôles**, c'est-à-dire les *tableaux des sommes* que chaque particulier doit à l'impôt direct : ce sont les **directeurs des contributions directes** dans chaque département, ayant sous eux un ou plusieurs **contrôleurs** par arrondissement, lesquels *se rendent dans chaque commune* pour dresser, *avec l'aide* des **répartiteurs, les matrices des rôles**, c'est-à-dire les registres originaux d'après lesquels les rôles sont faits.

225. — On appelle *répartiteurs cinq* (1) *propriétaires fonciers*, nommés par le Préfet, ayant pour *mission de*

____
(1) Trois doivent être domiciliés dans la commune et deux dans les communes circonvoisines : ils doivent avoir au moins 25 ans.

répartir à chacun sa part de contributions et de *donner leur avis sur les réclamations* en matière d'impôts. Ces fonctions sont *obligatoires*, excepté dans certains cas prévus par la loi. Le Maire et l'adjoint sont de droit répartiteurs. Le Préfet nomme cinq répartiteurs titulaires et cinq suppléants, choisis sur une liste de 20 candidats *proposés par le conseil municipal.*

226. — Quand les rôles sont faits, ils doivent *être publiés dans la commune,* pour que chacun ait connaissance de sa part d'impôt : un bordereau, ou *avertisement*, est même adressé à chaque contribuable. Celui qui se trouve mal imposé, *a un délai de 3 mois à dater de la publication du rôle* pour adresser sa réclamation au Sous-Préfet, en forme de lettre, et *sur papier timbré quand elle a pour objet une cote de 30 francs* et au-dessus. Toute réclamation doit être *accompagnée de l'avertissement* ou d'un extrait du rôle, et de la *quittance des termes échus.*

227. — Les rôles, dûment approuvés et publiés, sont remis aux **percepteurs,** qui sont chargés de percevoir les impôts d'un certain nombre de communes ; ils versent les fonds qu'ils recueillent à la caisse du **receveur particulier des finances** résidant au chef-lieu d'arrondissement ; le receveur particulier les transmet au **trésorier-payeur général** du chef-lieu de département, et celui-ci à la caisse du ministre des finances autrement dit au **trésor,** à Paris.

228. — Les percepteurs, receveurs particuliers, et trésoriers-payeurs généraux *ne se bornent pas à encaisser* l'argent des impôts : ils paient aussi les personnes à qui l'État doit, comme les *rentiers,* les *fournisseurs,* les *fonctionnaires,* etc.

229. — Les comptes des percepteurs, receveurs et trésoriers-payeurs sont examinés par des **inspecteurs des finances** et vérifiés par la **Cour des comptes** qui voit si les recettes ont été faites régulièrement et les dépenses régulièrement payées.

Exercice n° 34. — Quels sont les agents des contributions directes ? — Qu'appelle-t-on agent de répartition ? — Qu'est-ce qu'un directeur des contributions directes ? — Quelles sont ses fonctions ? — Qu'est-ce qu'un contrôleur ? — Par qui le contrôleur est-il assisté dans chaque commune ? — Pourquoi ? — Combien de répartiteurs dans chaque commune ? — Quelles conditions sont nécessaires pour être répartiteur ? — Par qui et comment sont-ils nommés ? — Entre la confection des rôles et leur mise en recouvrement, n'y a-t-il pas une chose importante ? Pourquoi ? — A qui s'adressent les réclamations en matière d'impôt ? — En quelle forme ? — Dans quel délai ? — Avec quelles pièces à l'appui ? — Quels sont les agents de recouvrement des contributions directes ? — Où réside votre percepteur ? — Que fait-il de l'argent qu'il reçoit ? — Qu'est-ce qu'un trésorier-payeur général ? — Qu'appelle-t-on trésor ? — Les percepteurs, receveurs et trésoriers ne font-ils que percevoir ? — Par qui sont-ils surveillés ? — Qu'est-ce que la cour des comptes ?

Exercice n° 34 bis. — Vous avez été imposé pour une maisoa appartenant au voisin : faites une réclamation.

Exercice n° 34 ter. — L'élève expliquera dans une lettre par qui les impôts sont établis et par qui ils sont recouvrés.

XXXV. Finances (*suite*). — Les contributions indirectes

230. — Les principaux *impôts indirects* sont : l'impôt sur les **boissons**, l'impôt sur les **tabacs**, l'impôt sur les **allumettes**, l'impôt sur les **sucres**, les **savons**, le **papier timbré**, etc., enfin l'impôt des **douanes**.

231. — L'impôt sur les boissons consiste : 1° en **droits de circulation** dûs pour tout transport de boissons sur la voie publique, et dont le paiement est constaté par un reçu qui se nomme **congé** et qui voyage avec le liquide; 2° en **droits de détail** dûs par les débitants de boissons (1) qui sont, pour cela, soumis à la surveillance des

---

(1) Le commerce des boissons est libre depuis la loi du 17 juillet 1880; mais quiconque veut s'y livrer doit faire, 15 jours à l'avance, à la mairie de la commune où le débit sera établi, une déclaration indiquant ses nom, prénoms, profession, domicile, situation du débit et à quel titre le débit sera géré. — Le Maire délivre de cette déclaration un **récépissé** qui vaut titre et donne droit de vendre.

employés des contributions indirectes, autrement dit de la **régie** : cette surveillance est appelée *exercice*.

232. — L'impôt sur le tabac est perçu en même temps que le prix du tabac, par les débitants de tabac, qui sont nommés par le gouvernement et qui *ont seuls droit de vente* : ce droit exclusif s'appelle **monopole**. Il en est de même pour les allumettes, qu'une *compagnie concession-naire* a seule le droit de fabriquer et vendre. — L'impôt sur les sucres, les savons, est payé par les fabricants.

233. — Il y a aussi un impôt sur le papier timbré, perçu par les receveurs de l'enregistrement, qui le vendent. Ce papier, de différents prix suivant les formats, est exigé pour les actes publics, ainsi que pour les billets, traites, etc. Pour cette dernière sorte d'écrits, le prix du papier est de 0 fr. 05 par 100 fr. à inscrire sur le billet.

234. — Les receveurs de l'enregistrement vendent aussi des **timbres mobiles** destinés à être *apposés sur certains imprimés*, sur les *affiches*, ou *au bas des reçus, quittances, etc.* Dans ce dernier cas un timbre de 0 fr. 10 est exigé par la loi au bas de toute quittance ou reçu d'une somme supérieure à 10 francs, sous peine d'une forte amende.

235. — Il y a encore un impôt dit **d'enregistrement** qu'on paie lorsqu'on fait enregistrer une vente d'immeubles, un héritage, un bail, etc. — Enregistrer veut dire inscrire sur un registre, afin que la date de l'acte soit certaine.

236. — L'impôt des *douanes* est perçu sur les marchandises *importées* ou *exportées* à la frontière. Ceux qui passent des objets en fraude se nomment **contrebandiers** (1).

(1) Il y a encore un impôt de 28 fr. sur les permis de chasse : car il est défendu de chasser sans avoir un permis et encore faut-il que la chasse soit ouverte par arrêté préfectoral; seulement, dans un parc clos on peut chasser en tout temps sans permis. Pour obtenir un permis, il faut adresser, sur papier timbré de 0,60, sa demande au maire avec la quittance du prix du permis jointe à l'appui : le maire transmet la demande au sous-préfet qui délivre le permis.— Un permis ne donne pas le droit de chasser les petits oiseaux utiles à l'agriculture.

Exercice n° 35. — Quels sont les principaux impôts indirects ? — Qu'appelle-t-on droits de circulation établis sur les boissons ? — Qu'est-ce qu'un congé ? — Qu'appelle-t-on droit de détail ? — Que veut dire être soumis à l'exercice ? — Comment l'impôt sur le tabac est-il perçu ? — Qui a le droit de vendre du tabac ? — Qu'est-ce qu'un monopole ? — Qui a le droit de fabriquer et vendre des allumettes ? — Que veut dire compagnie concessionnaire ? — Qui paye à l'Etat l'impôt sur les sucres, les savons, etc.? — Qu'est-ce que le papier timbré ? — Où le trouve-t-on ? — Quel est le prix de ce papier ? — Quel est le tarif du papier destiné aux billets et aux traites ? — Qu'appelez-vous timbres mobiles ? Les affiches et les quittances ne doivent-elles pas être timbrées? — Qu'est-ce que l'enregistrement? — Expliquez l'enregistrement d'un bail. — Qu'est-ce que les douanes ? — Quel est le but de cet impôt ? — Qu'est-ce qu'un contrebandier ? — Que savez-vous de l'impôt sur la chasse ?

Exercice n° 35 bis. — Faites une demande de permis de chasse.

Exercice n° 35 ter. — Faites une déclaration d'ouverture de débit de boissons.

XXXVI. Finances (*suite*). — Impôts communaux

237. — Les impôts *exclusivement communaux* sont les **octrois**, les **prestations**, l'**impôt sur les chiens**.

238. — L'impôt de l'*octroi* est celui qu'on paie pour entrer des objets de consommation dans certaines villes : puisque les villes fournissent aux producteurs et aux marchands des places, des halles, etc., facilitant la vente de leurs produits et marchandises, il est juste qu'ils contribuent aux dépenses desdites villes. C'est l'objet de l'impôt de l'octroi. Le Conseil municipal en fixe le tarif.

239. — L'impôt des *prestations*, établi par la loi du 21 mai 1836, est destiné à l'entretien des chemins vicinaux. Il consiste en *trois journées* imposées à tout chef de famille porté au rôle des contributions directes, *pour sa personne et chaque individu mâle de 18 à 60 ans*, se trouvant dans sa famille, ainsi que pour *chacun de ses chevaux ou ânes, et chacune de ses voitures attelées* avec lesdites bêtes.

240. — Le tarif des journées est fixé par le Conseil général.

241. — Les prestations sont acquittées en *argent* ou en *nature*. Dans ce dernier cas le prestataire doit *déclarer son intention* à la mairie dans le délai d'un mois à dater de la publication du rôle.

242. — L'impôt sur les *chiens*, établi par la loi du 2 mai 1855, consiste en une taxe frappant *tous les chiens existant au premier janvier* dans la commune, excepté ceux qui, à cette époque, sont nourris par la mère.

243. — La taxe est de *deux sortes*, suivant que les chiens sont d'*agrément*, de chasse, etc., ou bien d'utilité, comme ceux qui gardent les fermes, les troupeaux, guident les aveugles, etc.

244. — Du *1er octobre au 15 janvier*, les propriétaires doivent déclarer leurs chiens à la mairie, sous peine de voir *leur taxe triplée.*

Exercice n° 36. — Quels sont les impôts établis au profit des communes ? — Qu'est-ce que l'octroi ? — Quel est le but de cet impôt ? — Par qui est-il fixé ? — Qu'est-ce que l'impôt des prestations ? — En quoi consiste-t-il ? — Quels sont ceux qui sont soumis à cet impôt ? — Quelles voitures sont imposables à la taxe des prestations? — Par qui le tarif des journées de prestations est-il fixé ? — Est-on forcé de payer cet impôt en argent ? — Que veut dire acquitter en nature ? — Quelle condition faut-il remplir pour pouvoir acquitter ses prestations en nature ? — Qu'est-ce que l'impôt sur les chiens ? — Quels chiens sont imposables ? — Quel est le tarif ? — Qu'est-ce qu'un chien d'agrément ? — d'utilité ? — A quelle époque le possesseur d'un chien doit-il le déclarer à la mairie ? — A quoi s'expose-t-il s'il ne fait pas la déclaration prescrite ?

XXXVII. Ministère des Postes et Télégraphes

245. — Le ministre des *Postes et Télégraphes* dirige le service des communications par la poste et par le télégraphe.

246. — Ce service est fait par un **directeur départemental** et un **receveur départemental** qui résident

au chef-lieu du département; par un **receveur** ou une **receveuse** dans chaque bureau de poste; par des **facteurs** chargés de remettre les correspondances à domicile.

247. — La poste se charge de la transmission des **lettres**, **journaux** et **imprimés**, des **échantillons** ou **petits paquets**, des **sommes d'argent** et **valeurs**, etc. moyennant une *taxe qui se paie par l'achat de timbres* dits **timbres-poste** destinés à être collés sur les objets envoyés. Elle se charge aussi du **recouvrement des effets** de commerce, et de **l'abonnement** aux journaux. — Enfin elle fait le service de la **caisse d'épargne postale.**

248. — La *taxe des lettres* est établie ainsi qu'il suit : lettre affranchie, 0 fr. 15 par 15 grammes ou fraction de 15 grammes; non affranchie, 0 fr. 30 par 15 grammes, payables par le destinataire qui peut refuser la lettre, et alors elle retourne à l'expéditeur auquel le port est réclamé; **insuffisamment affranchie,** est taxée comme non affranchie, sous déduction de la valeur des timbres employés.

249. — La poste vend aussi, au prix de 0 fr. 10 affranchissement compris, des **cartes postales**, sur lesquelles on correspond à découvert, c'est-à-dire sans enveloppe. Enfin elle vend des **lettres-cartes** du prix de 0 fr. 15 sur lesquelles la correspondance est fermée.

250. — L'affranchissement des *correspondances pour l'étranger* a un tarif spécial.

Exercice n° 37. — Quelles sont les attributions du ministre des Postes et Télégraphes? — Quels sont les employés de ce ministère? — Quels sont les objets que la poste se charge de transmettre? — Comment se paie le port? — Quelle est la taxe d'une lettre affranchie? — non affranchie? — insuffisamment affranchie? — qui paie la taxe d'une lettre affranchie? — non affranchie? — insuffisamment affranchie? — Quelle serait la taxe d'une lettre affranchie pesant 40 grammes? — d'une lettre non affranchie pesant 5 grammes? — Qu'est-ce qu'une carte postale? — Quel en est l'inconvénient? — Qu'est-ce qu'une carte-lettre? — Quel en est l'avantage?

XXXVIII. Postes (*suite*). — Imprimés et petits paquets

251. — La taxe des *journaux* et *ouvrages périodiques* est fixée ainsi qu'il suit : 1° expédiés *hors du département de publication* ou hors des départements limitrophes, prix par exemplaire 2 cent. jusqu'à 25 grammes avec augmentation de 1 cent. par 25 gr., ou fraction de 25 gr. au-dessus ; 2° expédiés *dans le département de publication* et dans les départements limitrophes, prix par exemplaire 1 cent. jusqu'à 50 gr. avec augmentation de 1/2 centime par 25 gr. au-dessus ; 3° publiés et expédiés dans les départements de la *Seine* et de *Seine-et-Oise*, prix par exemplaire 1 cent. jusqu'à 25 gr., avec augmentation de 1/2 cent. par 25 gr. au-dessus.

252. — Les **imprimés** de toute nature, *mis sous bande*, paient 1 cent. par 5 grammes jusqu'à 20 gr., et 5 cent. au-dessus de 20 gr. jusqu'à 50 gr. ; au-dessus de 50 gr., 5 cent. par 50 grammes. Quand ils sont mis *sous enveloppe ouverte*, ils paient 5 centimes par 50 grammes ou fraction de 50 grammes. Maximum de poids, 3 kilos ; de dimension, 45 centimètres.

253. — Les **échantillons** avec ou sans imprimés, les **papiers d'affaires, épreuves d'imprimerie,** etc., paient 5 centimes par 50 grammes, ou fraction de 50 gr. L'envoi se fait sous bandes, enveloppe, ou ficelle.

254. — On peut faire **recommander** les lettres ou objets confiés à la poste, moyennant un *droit fixe supplémentaire* de 0 fr. 25. En cas de perte la poste rembourse 25 fr.

255. — Il est *défendu*, sous peine d'une amende de 150 à 300 fr., d'*insérer dans les imprimés, échantillons,* etc.; des *notes manuscrites* ayant le caractère de **correspondance personnelle.**

Exercice n° 38. — Quelle est la taxe des journaux expédiés dans le département de publication ? — dans les départements limitrophes ? — Que veut dire ce mot ? — Quelle est la taxe des journaux expédiés hors du département de publication ou des départements limitrophes ? — Quelle est la taxe spéciale pour les journaux publiés et expédiés dans la Seine ou Seine-et-Oise ? — Quelle est la taxe des imprimés mis sous bandes ? — mis sous enveloppe ouverte ? — Quelle est la taxe des papiers d'affaires et des échantillons ? — Comment doit être disposé l'envoi ? — Qu'appelle-t-on recommandation d'un objet confié à la poste ? — Quel en est le coût ? — Quel en est l'avantage ? — A quoi s'exposerait celui qui mettrait une correspondance manuscrite dans un envoi d'imprimés ou d'échantillons ?

XXXIX. Postes (*suite*). — Envoi d'argent et de valeurs

256. — Les *envois d'argent* par la poste se font au moyen de **mandats-poste**, de **bons de poste**, ou par **lettres chargées.**

257. — Pour avoir un *mandat-poste*, on verse dans un bureau de poste la somme qu'on veut envoyer, en donnant son nom et celui du destinataire; l'employé inscrit ces noms et le montant de la somme sur le mandat ainsi que sur un **talon** ou **récépissé**, puis il remet ces deux pièces à l'expéditeur qui *enferme le mandat* dans la lettre à envoyer et *garde le récépissé* afin de pouvoir réclamer en cas de perte de la lettre ou de contestation avec le destinataire. — Le *coût du mandat* est de 1 fr. pour 100 fr. ou 0 fr. 01 par franc.

258. — On peut aussi envoyer de l'argent en mettant dans une lettre des *bons de poste* sur lesquels il n'y a qu'à *inscrire le nom du destinataire*, et qui sont du prix de 1 fr., 2 fr., 5 fr. plus un droit de 5 cent. par bon ; de 10 fr. plus 0 fr. 10 de droit; de 20 fr. plus 0 fr. 20 de droit ;

259. — Enfin le *moyen le plus économique* d'envoyer des sommes ou valeurs par la poste est la *lettre chargée.* On enferme dans une lettre des billets de banque ou autres valeurs au porteur; on cachette cette lettre avec *au moins deux* cachets de cire portant le sceau, ou la marque, ou les initiales de l'envoyeur; on *inscrit le montant* du chargement en *toutes lettres* sur l'enveloppe, puis on remet le pli à la poste qui donne un reçu et fait payer, en sus de l'affranchissement ordinaire, un droit fixe de 0 fr. 25, plus 0 fr. 10 par 100 fr. déclarés. Moyennant ces formalités la poste **répond des valeurs déclarées** qui ne peuvent dépasser 10.000 fr. par lettre. Il est interdit de déclarer une somme supérieure à celle qui existe réellement dans la lettre.

260. — On peut se contenter de *faire recommander* les lettres contenant des billets, coupons, titres, etc., moyennant 0 fr. 25 de droits en sus de l'affranchissement mais alors, en cas de perte, la poste ne donne que 25 fr. d'indemnité.

261. — Il *est défendu,* sous peine d'amende, *de mettre des billets et autres valeurs au porteur dans une lettre non recommandée ou non chargée;* et cela dans l'intérêt du public qui n'aurait aucune garantie ni aucun recours en cas de perte ou de vol des lettres.

Exercice n° 39. — Comment peut-on envoyer une somme par la poste ? — Qu'est-ce qu'un mandat-poste ? — En quelle forme est-il délivré ? — Qu'appelez-vous talon de mandat ? — A quoi sert-il ? — Quel est le coût d'un mandat ? — Combien coûterait l'envoi par mandat d'une somme de 54 francs ? — Qu'appelez-vous bons de poste ? — Combien en existe-t-il de sortes ? — Quelle est leur valeur ? — Quelle en est le coût ? — Qu'est-ce qu'une lettre chargée ? — Comment se dispose-t-elle ? — Quels sont les frais du chargement ? — Quelle est la responsabilité de la poste pour les lettres chargées ? — Jusqu'à quelle somme peut s'élever le chargement ? — Peut-on déclarer chargées des lettres qui ne contiennent rien ou peu de chose ? — Peut-on se contenter de la recommandation pour une lettre contenant des valeurs? — Quelle est la différence entre le chargement et la recommandation ? — Est-il permis de mettre des billets et valeurs dans une lettre simple? — Pourquoi?

Exercice n° 39 bis (de rédaction). — L'élève, dans une lettre, indiquera à un ami la manière d'envoyer 65 francs à un frère qui est sous les drapeaux.

XL. Postes (*suite.*) — Télégrammes, recouvrements, etc.

262. — Dans la plupart des bureaux de poste et dans les gares, il y a un service télégraphique.

263. — La taxe, entre bureaux de la France continentale, est de 0 fr. 50 par *télégramme* de 1 à 10 mots, avec augmentation de 0 fr. 05 par mot au delà de 10 mots. Les frais de *port du télégramme à domicile par exprès* sont fixés à 0 fr. 50 par kilomètre.

264. — L'expéditeur est tenu d'écrire lui-même sa correspondance, avec toutes les indications d'adresse, de signature, etc., sur des imprimés qu'on trouve dans les bureaux.

265. — La poste se charge du **recouvrement** des effets de commerce moyennant 0 fr. 25 pour l'envoi, plus un prélèvement sur chaque valeur recouvrée : 1º de 0 fr. 10 par 20 francs ou fraction de 20 fr. sans que ce prélèvement puisse dépasser 0 fr. 50; 2º de 1 fr. 0/0 sur les premiers 50 francs et de 1/2 fr. 0/0 pour toute fraction excédant 50 fr.

266. — Elle se charge aussi de *l'abonnement aux journaux* moyennant 0 fr. 10 de droit fixe plus 1 fr. 0/0 sur le montant de l'abonnement.

Exercice nº 40. — A quoi sert le télégraphe ? — Que veut dire ce mot ? — Où sont les bureaux télégraphiques ? — Quelle est la taxe d'une dépêche de 10 mots ? — au-dessus de 10 mots ? — Combien coûte le port d'un télégramme à domicile par un exprès ? — Qui est-ce qui rédige le télégramme à envoyer ? — Qu'est-ce que le recouvrement des effets de commerce ? — Quels en sont les frais ? — Combien coûte l'abonnement aux journaux par l'entremise de la poste ?

XLI. Postes (*suite*). — La caisse d'épargne postale

267. — La poste fait le service de la *caisse d'épargne postale.* Cette caisse, placée sous la garantie de l'Etat, est destinée à recevoir et à faire fructifier les petites économies.

268. — Les mineurs peuvent y placer de l'argent, et l'en retirer, sans l'autorisation de leurs parents ou

tuteurs; et de même les femmes mariées, sans l'autorisation de leur mari.

269. — On peut y verser, dans tout bureau de poste, *depuis 1 franc jusqu'à 2000 francs*. On reçoit alors un livret, dit **livret national**. Sur ce livret le premier versement est écrit en lettres, les autres versements sont réprésentés par des timbres collés sur le livret.

270. — L'intérêt *est de 3 0/0 par an*, et s'ajoute à la fin de chaque année au capital pour porter lui-même intérêt. Il commence à courir du premier ou du 16 de chaque mois après le versement.

271. — Pour obtenir *remboursement des fonds*, il suffit d'adresser, sur une formule imprimée que l'on trouve dans tous les bureaux de poste, sa demande au ministre des postes, qui autorise le remboursement dans le bureau que l'on a désigné. Cette demande ne s'affranchit pas.

272. — Il est *interdit* d'avoir un livret de caisse d'épargne postale et un livret de caisse d'épargne privée.

Exercice n° 41. — Qu'est-ce que la caisse d'épargne postale ? — Quel en est le but ? — Qui peut y verser de l'argent? — Quelles sommes reçoit-elle ? — Quel intérêt sert-elle aux déposants ? — Quel titre est délivré aux déposants? — Comment le premier versement est-il constaté sur le livret ? — Comment sont constatés les versements ultérieurs ? — A partir de quel jour les versements produisent-ils intérêt ? — Quelles sont les formalités à remplir pour le remboursement des fonds? — Peut-on avoir un livret de la caisse d'épargne postale et un livret d'une caisse d'épargne privée ?

Exercice n° 41 bis. — L'élève écrira une lettre à un ami pour lui indiquer les avantages de l'économie, et lui apprendre comment on peut les faire fructifier à la caisse d'épargne postale.

DEUXIÈME PARTIE

(Cours moyen)

LES DROITS CIVILS DES FRANÇAIS

I. Les droits civils et l'état civil

1. — Les *droits civils* sont ceux que possèdent les citoyens en société, comme les **droits de famille** et de **propriété**, les droits d'hériter, léguer, **acquérir, donner, vendre, etc.**

2. — Tout français jouit de ses droits civils; mais *il n'en a l'exercice* que sous certaines conditions d'âge, de raison, etc. Ainsi les mineurs, les interdits (1), etc., ne peuvent exercer personnellement leurs droits civils.

3. — Les droits civils *s'acquièrent par la naissance, se modifient par le mariage et se perdent par la mort* soit naturelle, soit civile. On appelle *mort civile* l'état d'un individu privé, par l'effet d'une peine telle que les travaux forcés à perpétuité, la déportation, etc., de toute participation aux droits civils d'une nation.

4. — Puisque la *naissance*, le *mariage* et la *mort sont la base* des droits civils, il est indispensable que l'état de vie, de mariage ou de mort des citoyens soit constaté par des actes, ou écrits, dressés suivant les formes déterminées par la loi. Ces actes se nomment **actes de l'état civil.**

---

(1) Les personnes qui gaspillent leur fortune, les faibles d'esprit, peuvent être privés de leurs droits de vendre, donner, emprunter, plaider, etc.; ils s'appellent *interdits* et ils ont un tuteur qui veille à leurs intérêts, ou bien on leur donne un *conseil judiciaire*, c'est-à-dire un homme sans le consentement duquel ils ne peuvent emprunter, aliéner, donner, etc.

5. — Ces actes sont dressés par les **officiers de l'état civil** qui sont les maires ou leurs délégués.

6. — Ils sont écrits sur des registres dont les feuillets en *papier timbré*, sont *cotés par premier et dernier, et paraphés*, par le président du tribunal civil de l'arrondissement, *afin qu'on ne puisse en enlever ni substituer aucun.*

7. — Ces registres sont tenus **doubles**, et *l'un de ces doubles reste à la mairie, l'autre est déposé au greffe du tribunal de l'arrondissement*, afin de prévenir la perte d'actes si importants, par incendie ou quelque autre cause.

8. — Quand *on veut prouver* une naissance, un mariage, ou un décès, on *peut se faire délivrer une copie de ces actes* soit dans les mairies soit au greffe du tribunal. Cette copie, *légalisée*, pour sincérité de la signature du délivrant, par le président du tribunal ou par le juge de paix *fait foi jusqu'à preuve du contraire.* Elle coûte 2 fr. 35 pour les actes de naissance et de décès, soit 1 fr. 80 de papier timbré, 0 fr. 30 de droits d'expédition, et 0 fr. 25 de légalisation. Les copies d'acte de mariage sont plus chères, le droit d'expédition étant de 0 fr. 60 (1).

Exercice n° 1. — Qu'appelle-t-on droits civils ? — Tous les français en jouissent-ils ? — Quels sont ceux qui ne peuvent les exercer ? — Qu'est-ce qu'un mineur ? — un interdit ? — Comment s'acquièrent et se perdent les droits civils ? — Qu'est-ce que la mort naturelle ? — la mort civile ? — Comment le mariage modifie-t-il les droits civils ? — Donnez un exemple de ces modifications relatif au droit de donner, de léguer, etc. — Qu'est-ce que l'état civil d'un citoyen ? — Comment l'état de vivant, d'époux, de défunt est-il constaté ? — Par qui ? — Depuis quand les Français ont-ils un état civil légalement constaté ? — Qui tenait les registres de l'état civil avant la Révolution ? — Comment les registres de l'état civil sont-ils établis ? — Pourquoi les feuillets sont-ils cotés et paraphés ? — Que veulent dire ces mots : cotés et paraphés ? — Pourquoi les registres sont-ils tenus doubles ? — Où sont déposés ces deux doubles ? — Qu'est-ce que le greffe

(1) A Paris, les expéditions d'acte de l'état civil coûtent plus cher.

d'un tribunal ? — Où peut-on se procurer des copies des actes de l'état civil ? — Quel en est le prix ? — A quoi servent ces extraits ? — Qu'entend-on par légalisation d'une signature ?

II. L'acte de naissance

9. — La *déclaration de naissance d'un enfant* doit être faite à l'officier de l'état civil, dans les **trois jours** de l'accouchement, *par le père si c'est possible*, et, à son défaut, par le médecin, la sage-femme, ou toute autre personne ayant assisté à la naissance.

10. — L'enfant doit **être présenté** à l'officier de l'état civil, pour prévenir les abus, par exemple de faire inscrire comme récemment né un enfant né depuis des mois ou des années, etc.

11. — L'acte de naissance est rédigé de suite *en présence de deux témoins majeurs et du sexe masculin*, qui signent avec le déclarant, s'ils savent : s'ils ne savent, mention en est faite.

12. — L'acte de naissance doit énoncer les *noms* (1), *prénoms, âge, profession, domicile du père et de la mère ; le lieu et date de leur mariage*, s'ils sont mariés ; le *jour et l'heure de la naissance, et le sexe de l'enfant ; les prénoms qui lui sont donnés*, et enfin les *noms, prénoms, âge, profession, domicile des témoins*.

13. — La loi *défend de donner aux enfants d'autres prénoms* que ceux qui sont en usage dans les différents **calendriers** ou dans **l'histoire ancienne**.

14. — Un enfant *né de parents mariés* est dit **légitime**, et **illégitime** ou **naturel** quand il est né de *parents non mariés*.

15. — Il *est défendu de nommer*, dans un acte de naissance, *le père de l'enfant naturel*, sans son consentement. La mère étant certaine peut toujours être nommée.

---

(1) Il est très important de bien orthographier les noms dans les actes de l'état civil pour éviter de grands embarras et des rectifications coûteuses.

16. — Le père et la mère (ou l'un d'eux) de l'enfant naturel *peuvent le reconnaître*, soit dans l'acte de naissance, soit dans un acte postérieur, qui est inscrit sur les registres de l'état civil.

17. — Les enfants naturels *ne sont pas héritiers de leurs parents*; mais, *quand ils ont été reconnus*, ils *ont droit à réclamer*, dans la succession de leur père et de leur mère (non pas de leurs grands-parents, oncles, etc. (1) *un tiers de ce qu'ils auraient s'ils étaient légitimes, quand ils viennent à la succession avec des frères ou des sœurs légitimes; la moitié quand ils viennent avec des frères ou sœurs de leurs parents; les trois quarts quand ils viennent avec d'autres collatéraux; le tout quand les parents n'ont pas d'héritiers.* C'est donc **un grand avantage** pour un enfant **d'être reconnu**.

18. — Tout enfant naturel peut être **légitimé** par le mariage de ses parents : alors *il a les mêmes droits que s'il était né de ce mariage.*

Exercice n° 2. — Dans quel délai doit être déclarée à l'officier de l'état civil la naissance d'un enfant ? — Par qui ? — Pourquoi l'enfant doit-il être présenté ? — En présence de quels témoins l'acte est-il rédigé ? — Quelles énonciations contient l'acte — Par qui doit-il être signé ? — Quels prénoms peut-on donner aux enfants ? — Qu'est-ce qu'un enfant légitime ? — Qu'est-ce qu'un enfant naturel ? — Peut-on, dans un acte de naissance, nommer le père d'un enfant naturel ? — Pourquoi peut-on nommer la mère ? — Qu'est-ce que la reconnaissance d'un enfant naturel ? — Quand peut-elle être faite ? — Quels droits donne-t-elle à l'enfant ? — Qu'est-ce que la légitimation par mariage ? — Quels droits donne-t-elle à l'enfant ?

III. La minorité de l'enfant

19. — Tout enfant, *jusqu'à 21 ans*, est **mineur**, c'est-à-dire trop jeune pour gouverner sa personne et administrer ses biens.

---

(1) Les grands-parents, oncles, etc., ne peuvent être engagés par un acte de reconnaissance qu'ils n'ont pas fait et signé ; ils ne doivent donc rien à l'enfant naturel, et celui-ci ne peut rien leur réclamer.

20. — Si les parents sont **vivants,** le mineur est sous la puissance paternelle ; si l'un des parents est décédé, le survivant est de droit **tuteur** de son enfant, sous le contrôle ou la surveillance d'un **subrogé-tuteur** et d'un **Conseil de famille** composé du juge de paix et de six parents au moins ; si le mineur est orphelin de père et de mère, il a un *tuteur choisi par le conseil de famille* parmi les plus proches parents.

21. — Le tuteur *surveille son pupille et administre ses biens;* il lui doit un **compte de sa gestion** au moment de la majorité. Ce compte comprend les sommes reçues pour le pupille et les sommes dépensées pour son éducation.

22. — Le mineur peut être **émancipé,** c'est-à-dire *affranchi de la tutelle par son père à 15 ans,* et *à 18 ans révolus par le conseil de famille.* Toutefois le mineur émancipé n'a que le droit d'administrer ses biens, non de les vendre, hypothéquer, etc. Un mineur est toujours émancipé par le fait de son mariage.

23. — Tout enfant *au-dessous de 2 ans,* **placé en nourrice, sevrage ou garde,** *moyennant salaire,* fait l'objet d'une surveillance de l'autorité publique, ayant pour but de protéger sa vie ou sa santé.

24. — Toute personne qui place un enfant en nourrice, sevrage ou garde moyennant salaire, *est tenue d'en faire la déclaration à la mairie,* et de *remettre à la nourrice un bulletin de naissance* de l'enfant.

25. — Toute personne qui veut prendre un enfant en nourrice, sevrage ou garde moyennant salaire, *doit être munie 1o d'un carnet, 2o d'un certificat du maire, 3e d'un certificat médical,* puis dans les trois jours de la réception du nourrisson, elle doit en faire la déclaration à la mairie de son domicile. De même *elle doit déclarer ses changements de résidence,* le *retrait* ou le *décès* de l'enfant.

26. — La *surveillance* est exercée par un *médecin-inspecteur* et une *commission locale* dont le maire est président. (Loi du 23 décembre 1874.)

2**

27. — La loi protège aussi les *enfants mineurs employés dans l'industrie*. Elle *défend d'admettre dans les manufactures des enfants au-dessous de 12 ans* (excepté quelques-uns qui sont admis à 10 ans, mais pour 6 heures de travail par jour seulement); elle *interdit de les faire travailler plus de 12 heures par jour*, de les employer à des *travaux de nuit*, de les admettre dans les *travaux souterrains* et dans les *établissements dangereux ou insalubres* : et encore, avant l'âge de 15 ans aucun enfant ne peut être admis à travailler plus de 6 heures par jour s'il ne *justifie qu'il a acquis l'instruction primaire élémentaire*. (Loi du 19 mai 1874.)

27 bis. — Enfin la loi du 22 février 1851, relative aux **contrats d'apprentissage**, impose aux **patrons** l'obligation de se conduire envers leurs **apprentis** comme de bons père de famille, de les surveiller, etc. Elle *interdit* de recevoir des apprentis chez eux : 1º aux *mineurs*, parce qu'ils ne sont pas capables de diriger les autres; 2º aux individus, même majeurs, qui ont été condamnés pour crimes, ou délits; 3º aux célibataires ou veufs, elle interdit de recevoir des *apprenties mineures*.

Exercice nº 3. — Que veut dire être mineur ? — Jusqu'à quel âge est-on mineur ? — Que veut dire être sous la puissance paternelle ? — A qui donne-t-on un tuteur ? — Qu'est-ce qu'un subrogé-tuteur ? — un conseil de famille? — un pupille ? — Quels sont les devoirs du tuteur ? — Qu'est-ce que l'émancipation ? — A quel âge peut-elle avoir lieu ? — Quels droits donne-t-elle ? — Par quoi le mineur est-il émancipé de droit ? — Quelle protection la loi exerce-t-elle sur les enfants placés en nourrice moyennant salaire ? — Quel est le but de cette loi ? — Jusqu'à quel âge les enfants sont-ils surveillés ? — Par qui ? — Quelles obligations cette surveillance impose-t-elle aux parents qui placent leurs enfants en nourrice ? — Aux nourrices qui prennent des enfants ? — La loi ne veille-t-elle pas aussi sur le travail imposé aux mineurs ? — Que défend-elle sous ce rapport ? — Qu'exige-t-elle relativement à l'instruction des enfants employés dans l'industrie ? — Que savez-vous sur les contrats d'apprentissage, les obligations des patrons et des apprentis ?

Exercice n° 3 bis. — L'élève expliquera, par lettre, à une cousine, quelles conditions elle devra remplir pour pouvoir prendre un nourrisson.

Exercice n° 3 ter. — L'élève rédigera le contrat d'apprentissage d'un enfant placé chez un tailleur : on supposera que l'apprenti donnera 18 mois de temps et 60 francs d'argent.

IV. Le mariage. — Ses conditions

28. — L'homme, **avant 18 ans**, et la femme, **avant 15 ans**, *ne peuvent contracter mariage;* et, de plus, **l'homme est mineur jusqu'à 25 ans, et la femme est mineure jusqu'à 21 ans**, par rapport au mariage, c'est-à-dire *qu'ils ne peuvent*, avant cet âge, *contracter mariage sans le consentement* de leurs parents, ou, si ceux-ci sont morts, des ascendants s'il en existe, et, à leur défaut, du conseil de famille.

29. — Les enfants, *ayant la majorité relative au mariage*, **doivent encore demander conseil et consentement** à leurs parents; et, en *cas de refus de consentement* de la part de ceux-ci, ils *sont obligés, jusqu'à 30 ans* d'adresser **trois sommations respectueuses**, de mois en mois, à leurs parents, et, un mois après la dernière, ils peuvent se marier malgré l'opposition de ces derniers. *Après 30 ans, un seul acte respectueux suffit.*

30. — Ces sommations se font par notaire. — Elles ont pour *but de donner aux enfants le temps de réfléchir sur l'acte important*, c'est-à-dire le mariage, *qu'ils veulent faire et que leurs parents désapprouvent.*

31. — *L'enfant naturel non reconnu ne peut se marier, avant 21 ans, sans avoir obtenu le consentement d'un tuteur* nommé à cet effet par le conseil de famille.

32. — Tout mariage projeté **doit être publié deux dimanches consécutifs, et affiché pendant dix jours**, à la *mairie du domicile des époux, et de leurs parents*, quand ils sont sous leur puissance. Le temps de l'affichage part du dimanche à midi pour finir le deuxième mercredi suivant à midi. Un *certificat de ces publications doit être produit*, sur papier timbré de 0 fr. 60, *à l'officier de l'état civil* qui fait le mariage.

33. — Les publications ont pour but d'avertir le public du mariage, et de *donner le moyen de s'y opposer à ceux qui en ont le droit.*

Exercice n° 4. — A quel âge un homme peut-il se marier ? — une femme ? — Pourquoi cette différence ? — Jusqu'à quel âge est-on mineur relativement au mariage ? — Les enfants majeurs peuvent-ils se marier sans le consentement de leurs parents ? — Qu'est-ce qu'un acte respectueux ? — Par le ministère de qui est-il fait ? — Combien faut-il d'actes respectueux jusqu'à 30 ans? — Combien après 30 ans ? — Quel en est le but ? — Que faut-il à un enfant naturel mineur pour pouvoir contracter mariage ? — Qu'appelez-vous publications de mariage ? — Quel en est le but ? — Combien de fois le mariage doit-il être publié ? — Quel jour ? — A quelle heure ? — Combien de temps doit-il être affiché ? — Où ? — Qu'est-ce qu'un certificat de publications ?

Exercice n° 4 bis (de rédaction). — 1° L'élève apprendra à un de ses frères qui veut se marier, toutes les formalités des publications. — 2° L'élève écrira à un de ses frères, âgé de 27 ans, désirant se marier malgré l'opposition de ses parents, et lui expliquera ce qu'il aura à faire.

V. La célébration du mariage

34. — Le mariage *ne peut être contracté* que **devant le maire du domicile de l'un des époux :** *ce domicile s'acquiert par six mois de résidence* continue.

35. — Les futurs époux *doivent produire à l'officier de l'état civil :* 1° un extrait dûment légalisé de leur acte de naissance, et, s'il y a lieu, des actes de décès de leurs parents, lorsque ces actes ne se trouvent pas aux archives de la mairie où se célèbre le mariage ; 2° le certificat des publications faites dans les mairies autres que celle où se fait le mariage ; 3° l'acte de consentement des parents, quand ils sont absents ; 4° les actes authentiques des sommations respectueuses, s'il y en a eu ; 5° un certificat de contrat de mariage s'il en a été fait un.

36. — Le mariage se contracte **publiquement** devant *quatre témoins* majeurs et du sexe masculin, parents ou non.

37. — L'acte énonce *l'heure et le jour du mariage*, les *noms, prénoms, âge, profession, domicile, lieu et date de naissance des contractants;* les *noms, prénoms, âge, profession, domicile et consentement des pères et mères;* la *mention des publications faites,* les *noms, prénoms, âge, profession, domicile des témoins, etc,*

38. — Le Maire *lit aux contractants le chapitre six* du titre du code civil intitulé du mariage, *sur les devoirs et droits des époux :* puis *il leur demande* séparément *s'ils veulent se prendre pour mari et pour femme :* sur leur réponse affirmative, il les **déclare au nom de la loi unis en mariage.**

39. — C'est ce qu'on appelle le **mariage civil,** qui *produit* pour les époux, devant la loi, *tous les effets ou droits civils de paternité, filiation, succession, etc.*

40. — Nombre d'époux, *regardant,* d'après leurs croyances religieuses, *le mariage comme chose sainte et sacrée* instituée par Dieu, *ne se croient pas mariés en cons-cience* par le mariage d'institution humaine, et vont contracter devant le prêtre un autre mariage dit **ma-riage religieux.** Ceci est affaire de conscience : la loi ne s'en occupe pas. Elle intervient seulement pour *exiger que le mariage civil précède toujours le mariage religieux.*

Exercice nº 5. — Où peut se célébrer le mariage ? — Com-ment s'acquiert le domicile nécessaire au mariage ? — Quelles pièces les futurs époux doivent-ils remettre à l'officier de l'état civil ? — Pourquoi la célébration doit-elle être publique ? — Combien de témoins sont nécessaires au mariage ? — Qu'est-il énoncé dans l'acte? — Quel chapitre du code l'officier de l'état civil lit-il aux époux? — Quelle demande leur fait-il ? — Quelles paroles prononce-t-il ? — Quel est le nom du mariage ainsi contracté ? — Y a-t-il des époux qui en contractent un autre ? — Pourquoi ? — Le mariage religieux a-t-il quelque valeur devant la loi ? — Peut-on contracter le mariage religieux sans le faire précéder du mariage civil ? — Que pensez-vous de cette disposition de loi ?

Exercice n° 5 bis. (de rédaction). — L'élève racontera un mariage civil auquel il aura assisté.

VI. La communauté légale des époux

41. — Les époux pendant le mariage, *forment une société dont les intérêts*, à moins de conditions spéciales qu'il est loisible aux contractants de fixer, *sont soumis à un régime dit de la* **communauté légale.**

42. — Ce régime consiste en ce que les époux **mettent en commun :** 1° *tous les biens mobiliers qu'ils possèdent avant le mariage;* 2° *tous les biens mobiliers et immobiliers qu'ils acquièrent pendant le cours de leur union;* 3° les *meubles qu'ils acquièrent par succession ou donation,* si le donateur n'a pas exprimé le contraire; 4° les *produits de leur industrie et les revenus de leurs biens.* — Les *dettes* faites par les époux sont aussi *communes.* Mais les **immeubles possédés avant le mariage,** ainsi que ceux qui **proviennent de donations ou successions, n'entrent pas dans la communauté.**

43. — Le **mari administre seul** les biens communs, et peut les vendre, les hypothéquer sans le secours de sa femme. Quant aux *biens non communs de sa femme* il les *administre;* mais *ne peut les vendre ni les engager* sans qu'elle donne son consentement.

44. — En cas de dissolution de la communauté, par la mort ou autrement, *l'époux survivant prend la moitié* des biens communs, et les *héritiers du défunt ont l'autre moitié.*

45. — Comme la femme n'a point administré les biens de la communauté, et *que le mari peut avoir grevé de dettes cette communauté,* la femme **est libre d'y renoncer;** et alors *elle n'a point d'actif à prendre,* mais aussi *ne contribue point au paiement du passif.*

Exercice n° 6. — Comment les époux associent-ils leurs intérêts matériels ? — A défaut de conditions spéciales, la loi ne régit-elle pas leur société ? — Comment s'appelle ce régime ? — En quoi consiste-t-il ? — Quelle différence entre les biens meubles et les biens immeubles ? — Qui administre les biens de la communauté ? — les biens non communs ? — Quels sont les biens qui ne sont pas communs ? — Qu'arrive-t-il en cas de dissolution de la communauté ? — Les dettes sont-elles communes ? — La femme peut-elle renoncer à la communauté grevée de dettes ? — Pourquoi ? — Qu'arrive-t-il alors ? — Qu'appelez-vous actif ? — Passif ?

VII. Le contrat de mariage. — La communauté conventionnelle

46. — Les époux, *s'ils veulent modifier le régime d'association prévu par la loi*, doivent le faire **avant la célébration** du mariage, et **par devant notaire**, afin de prévenir les anti-dates et les changements. Cette convention, appelée **contrat de mariage, est irrévocable.** Il importe, en effet, que les droits des époux, de leurs enfants et même des tiers soient irrévocablement garantis, et à l'abri de tous caprices. — Un certificat constatant qu'il a été fait un contrat de mariage doit être remis à l'officier de l'état civil avant la célébration de l'acte.

47. — Les principales manières, appelées **régimes,** dont les époux peuvent régler leurs intérêts par contrat, sont le régime de la **communauté réduite aux acquêts; le régime dotal, le régime de la séparation de biens, le régime exclusif de la communauté.**

48. — Dans la communauté *réduite aux acquêts,* ou *conventionnelle,* on convient qu'il n'entrera dans la communauté que les **biens acquis pendant le mariage.** Lorsqu'un des époux vient à mourir, on ne partage que la portion de fortune provenant du revenu de leurs biens ou des fruits de leur travail; celui qui survit en prend la moitié et reprend en outre ses **propres,** c'est-à-dire ce qu'il avait apporté, meubles et immeubles : l'autre moitié revient aux enfants ou héritiers du défunt.

49. — Si la femme s'aperçoit que *son mari gère mal* ou *dissipe les biens de la communauté*, elle peut, et même doit dans l'intérêt de ses enfants, demander aux tribunaux la *séparation de biens*. La femme séparée de biens *administre librement ce qui lui appartient*, mais *ne peut* cependant *aliéner ses propriétés* sans l'autorisation de son mari ou de la justice.

Exercice n° 7. — Comment les époux peuvent-ils modifier le mode d'association prévu par la loi ? — A quelle époque et devant qui ? — Comment s'appelle cette convention ? — Pourquoi le contrat de mariage doit-il être fait avant le mariage ? — Pourquoi est-il irrévocable ? — Quels sont les principaux régimes auxquels on peut se soumettre par contrat ? — Qu'est-ce que la communauté réduite aux acquêts ? — En quoi diffère-t-elle de la communauté légale ? — Qu'arrive-t-il en cas de dissolution de la communauté ? — Qu'est-ce que reprendre ses propres ? — Qu'est-ce que la séparation de biens ? — Quand la femme peut-elle la demander ? — Quels sont les droits de la femme séparée de biens ?

VIII. Le contrat de mariage (*suite*). — Le régime dotal, etc.

50. — Le **régime dotal** consiste en ce que les biens attribués en **dot** à la femme, *ne peuvent être vendus par elle ni par son mari ;* celui-ci, seulement, en touche les revenus pour subvenir aux charges du ménage. Si la femme a, ou acquiert par donation, succession etc., d'autres biens, ils se nomment *extra-dotaux*, ou **paraphernaux** et rentrent dans les conditions ordinaires.

51. — Dans le régime de la **séparation de biens**, chacun des époux jouit séparément de sa fortune. La femme administre ses biens, passe des baux, dispose de ses biens meubles, mais cependant ne peut vendre ses immeubles sans le consentement de son mari ou l'autorisation de la justice. Chacun des époux *contribue aux charges du mariage comme il est convenu par contrat*, ou, *s'il n'y a rien de convenu, la femme y contribue pour un tiers et le mari pour deux tiers.*

52. — Le régime **exclusif de la communauté** consiste en ce que *les biens des époux ne sont point communs*, mais le mari seul les administre, même ceux de sa femme, et il en perçoit les revenus qui sont censés destinés à soutenir les charges du ménage. *Toutes les acquisitions faites par le mari sont pour lui seul, comme toutes les dettes qu'il contracte, sont à son compte.* En cas de séparation ou de mort, le mari doit à sa femme ou à ses héritiers tout ce qu'elle a apporté en mariage.

Exercice nº 8. — En quoi consiste le régime dotal? — Qu'est-ce qu'une dot? — Qui administre la dot? — A quoi servent les revenus de la dot? — Qu'est-ce que les biens paraphernaux? — Qu'est-ce que le régime de la séparation des biens? — Comment, dans ce régime, les époux contribuent-ils aux charges du ménage? — Qu'est-ce que le régime exclusif de la communauté? — Pour qui sont les biens d'acquêt dans ce régime? — Si le mari fait des dettes qui en est responsable?

IX. L'acte de décès

53. — Tout décès *doit être déclaré le plus tôt possible* à l'officier de l'état civil *par deux témoins*, autant que possible parents ou voisins de la personne décédée.

54. — L'officier de l'état civil *s'assure du décès*, puis délivre sur papier libre un **permis d'inhumer**, sans lequel l'inhumation ne peut avoir lieu. Encore faut-il *un délai de 24 heures après le décès* afin d'éviter les inhumations précipitées. Cependant en cas de danger pour la salubrité publique le maire peut autoriser et même prescrire l'inhumation sans délai.

55. — Quand il y a mort violente ou soupçon de crime l'inhumation ne peut avoir lieu qu'après examen du cadavre par la justice qui doit immédiatement être prévenue.

56. — L'officier de l'état civil dresse l'acte sur la déclaration des deux témoins qui signent ledit acte s'ils savent.

57. — L'acte contient les *noms, prénoms, âge profession,* et *domicile de la personne décédée,* les *noms* et *prénoms de son conjoint* si elle était mariée ou veuve ; les *noms, prénoms, etc., de ses père et mère ; son lieu de naissance ; le jour et l'heure du décès ;* les *noms, prénoms, âge, profession, domicile, des deux témoins.*

58. — Il est *défendu d'indiquer* dans l'acte de décès le *genre de mort* de la personne décédée, parce qu'il faut épargner l'honneur des familles.

59. — Aucune **épitaphe** ne peut être inscrite sur une tombe sans la permission au moins implicite du maire, qui veille à ce qu'il ne soit écrit rien d'inconvenant sur les tombes.

60. — L'inhumation doit être faite et l'acte de décès dressé *dans la commune où la personne est morte.* Cependant on peut faire transporter un cadavre d'une commune à l'autre, pour y être inhumé, *avec l'autorisation du Sous-Préfet quand on change seulement d'arrondissement* de canton ou de commune, et *du Préfet* quand on change de département.

Exercice n° 9. — A quelle époque tout décès doit-il être déclaré à la mairie ? — Par qui ? — Que doit faire l'officier de l'état civil après la déclaration ? — Quel permis délivre-t-il ? — Quel est le délai entre le décès et l'inhumation ? — Y a-t-il des exceptions ? — Que faut-il faire en cas de mort violente ou de crime? — Comment l'acte de décès est-il conçu ? — Peut-on y mentionner le genre de mort ? — Pourquoi ? — Qu'est-ce qu'une épitaphe ? — Qui en a la surveillance ? — Où se fait l'inhumation et se dresse l'acte de décès ? — Quelles conditions sont nécessaires pour faire inhumer quelqu'un ailleurs que dans la commune du décès ?

X. Les successions testamentaires

61. — Quand une personne est morte, on dit que sa **succession est ouverte** (1).

(1) Ordinairement, quand une personne meurt en laissant des héritiers mineurs, ou absents, ou interdits, on met les *scellés* chez elle le plus tôt possible. Les scellés sont des bandes de papier ou de toile, portant le cachet du juge de paix, apposées par celui-ci sur toutes les serrures, afin que rien de la succession ne puisse être détourné.

62. — Les *héritiers se partagent la succession suivant la volonté du défunt manifestée par* **testament**, ou bien, *s'il n'y a pas de testament, d'après les règles fixées par la loi.*

63. — Un *testament est un écrit* par lequel une personne *lègue, pour le temps où elle ne sera plus, la totalité* ou *une partie* de ses biens, *à une ou plusieurs personnes*, parentes ou étrangères.

64. — Un **légataire** est celui à qui une chose est laissée par testament. Il est dit **légataire universel** quand le testament lui *donne tout l'héritage :* mais alors il *hérite de toutes les charges* ou dettes; il est dit **légataire à titre universel**, quand il reçoit, *d'une façon générale,* le tiers, le quart, etc., par exemple, de la succession : alors il *participe aux charges à proportion* du legs; il est dit **légataire particulier** quand le testament *lui assigne un objet déterminé :* alors il *n'est assujetti à aucune charge*, mais il ne reçoit l'objet légué qu'autant que celui-ci n'est pas absorbé par les charges de la succession.

65. — Quand une personne est nommée par le testateur pour faire exécuter ses dernières volontés, elle s'appelle **exécuteur testamentaire.**

66. — Tout le monde peut faire un testament, *excepté les interdits* et les *mineurs.* Cependant, au-dessus de 16 ans, un mineur peut léguer la moitié de ce qu'il pourrait léguer s'il était majeur. Les *femmes mariées peuvent tester sans l'autorisation de leur mari,* parce que ce qu'elles donnent ainsi est pris, non sur la communauté, mais sur leur part, après dissolution de la communauté par la mort.

67. — On **peut donner par testament :** jusqu'à la moitié de ses biens, si on ne laisse qu'*un enfant légitime; jusqu'au tiers,* si on laisse *deux enfants; jusqu'au quart,* si on laisse *trois enfants, ou un plus grand nombre;* jusqu'à *la moitié,* si on laisse *des ascendants du côté paternel et du côté maternel;* jusqu'aux *trois quarts,* si on laisse

des ascendants seulement d'un côté; jusqu'à *la totalité,* si on ne laisse *ni descendants ni ascendants.* Ce qu'on peut léguer ainsi s'appelle la **quotité disponible.**

68. — Ne peuvent recueillir un legs : les *médecins* et *pharmaciens,* ainsi que les *ministres des cultes, de la personne à qui ils ont donné leurs soins;* les *tuteurs* de la part de *leur pupille.* La loi a voulu prévenir ainsi des abus faciles à comprendre.

Exercice n° 10. — Quand la succession d'une personne est-elle ouverte ? — Quelles personnes se partagent les biens du défunt ? — Qu'est-ce qu'un héritier testamentaire ? — un héritier légal ? — Qu'est-ce qu'un testament ? — Qu'appelle-t-on testateur ? — exécuteur testamentaire ? — légataire ? — Qu'est-ce qu'un légataire universel ? un légataire à titre universel ? — un légataire particulier ? — Quelles obligations contractent ces différents légataires ? — Qui peut faire un testament ? — A qui est-il interdit de tester ? — Pourquoi une femme mariée peut-elle tester, alors qu'elle ne peut donner ni vendre ses biens ? — Quelles personnes ne peuvent être constituées légataires ? — en quel cas? — Que peut-on donner par testament ? — Qu'est-ce que la quotité disponible ? — Quelles personnes peuvent léguer tous leurs biens ? — la moitié de leurs biens ? — le tiers ? — le quart ? — les trois quarts ?

XI. Les testaments

69. — La loi reconnaît **trois sortes de testaments :** le testament **olographe,** le testament **authentique,** le testament **mystique.**

70. — Le testament *olographe* est celui qui est *écrit en entier, daté en toutes lettres et signé de la main du testateur,* sur papier timbré ou sur papier libre : seulement dans ce dernier cas, à l'ouverture de la succession, il faudrait payer une amende de 50 francs.

71. — Ce testament, à l'ouverture de la succession, *doit être enregistré* au droit fixe de cinq francs, puis *présenté au président du tribunal de l'arrondissement,* qui l'ouvre et en ordonne le dépôt chez un notaire.

72. — Il *est toujours prudent* pour éviter la soustraction d'un testament olographe, d'en *confier un double à un notaire.*

73. — Voici comment se rédige un testament olographe : « Ceci est mon testament. Je soussigné (*nom, prénoms, profession, demeure*) déclare par le présent instituer (nom, prénoms, profession, demeure) pour mon légataire universel. Fait et écrit en entier de ma main, à,..... le..... mil huit..... (signature). (Voir d'autres modèles à la fin du volume).

74. — Le testament *authentique* est celui qui *est reçu par un notaire en présence de quatre témoins,* ou *par deux notaires* en présence de *deux témoins.*

75. — Le testament *mystique* ou *caché, peut être écrit par le testateur* ou *par une autre personne;* il est *remis clos et scellé au notaire par le testateur en présence de six témoins,* lesquels signent avec le notaire sur l'enveloppe. Ce testament s'emploie quand on veut que les dispositions qu'on a faites restent secrètes.

Exercice nº 11. — Combien de sortes de testaments? — Qu'est-que le testament olographe ? — Par qui doit-il être écrit, daté et signé ? — Quelles formalités ce testament nécessite-t-il à l'ouverture de la succession ? — Ce testament est-il bien sûr ? — Que faut-il faire pour éviter que le testament olographe ne soit détruit par accident ou soustrait par des intéressés ? — Qu'est-ce que le testament authentique ? — Qu'est-ce que le testament mystique ? — En quoi diffère-t-il de l'olographe ? — Par qui est-il écrit ? — A qui est-il remis ? — en présence de qui ? — Pourquoi ces formalités ?

Exercice nº 11 (bis) de rédaction. — L'élève fera un testament olographe instituant un ami son légataire universel. — Il en fera un autre par lequel il léguera seulement ses livres.

XII. Des successions légales

76. — Quand il n'y a pas de testament, *la loi règle le partage de la succession d'après le degré de parenté.*

77. — On appelle **degré** ou **génération** le rapport entre les membres d'une même famille.

78. — La suite des degrés forme la **ligne**. La ligne est **directe** quand *elle est formée de parents issus les uns des autres;* elle est **ascendante** quand on *remonte de l'enfant à ses parents*, et **descendante** quand on va *du père, ou de la mère, à ses descendants.* La ligne ascendante est dite **paternelle** quand elle se compose du père et de ses ascendants; elle est dite **maternelle** quand elle se compose de la mère et de ses ascendants.

79. — Les *degrés de la ligne directe sont faciles à compter:* c'est comme les marches d'un escalier. Exemple :

Paul

Jules, fils de Paul, 1er degré.

Louis, petit-fils de Paul, 2e degré.

Léon, arrière-petit-fils de Paul, 3e degré.

et ainsi de suite.

80. — On appelle **ligne collatérale** la série des parents qui, sans descendre les uns des autres, *descendent d'un au- teur commun,* comme frères et sœurs, cousins et cousines, etc. Pour connaître les degrés de cette ligne, on compte toutes les générations depuis l'une d'elles, en remontant jusqu'au père et de celui-ci on redescend jusqu'à l'autre, et le nombre trouvé est le nombre des degrés. Exemple:

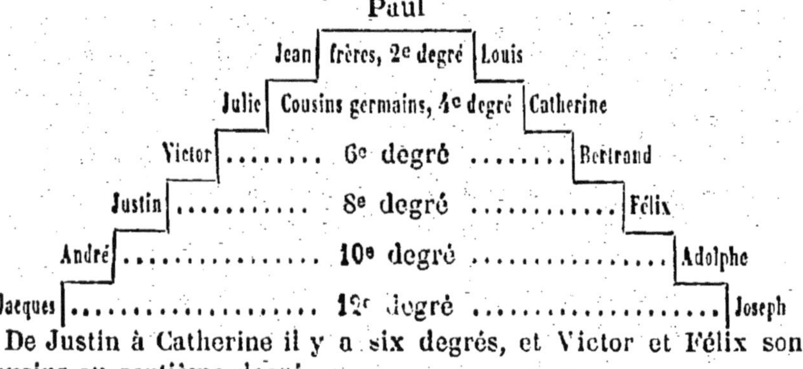

De Justin à Catherine il y a six degrés, et Victor et Félix sont cousins au septième degré.

81. — On appelle **frères germains** ceux qui ont le même père et la même mère; **frères consanguins,** ceux qui ont le même père et non la même mère; **frères utérins** ceux qui ont la même mère et non le même père.

Exercice n° 12. — Quand le défunt n'a pas laissé de testament, comment se fait le partage de sa succession ? — Qu'appelle-t-on degré de parenté ? — ligne ? — Combien de sortes de lignes ? — Qu'est-ce que la ligne directe ? — Qu'est-ce que la ligne collatérale ? — Qu'est-ce que la ligne directe ascendante ? — descendante ? — Combien de sortes de ligne ascendante ? — Comment se comptent les degrés de la ligne directe ? — Comment se comptent les degrés de la ligne collatérale ? — Combien de degrés, dans le tableau ci-dessus de Jacques à Adolphe ? — de Victor à Louis ? — Qu'appelle-t-on frères germains ? — frères utérins ? frères consanguins ?

XIII. Du partage légal des successions

82. — Les enfants *succèdent à leurs père et mère ou autres ascendants,* **sans distinction de sexe ni de primogéniture,** et encore qu'ils soient issus de différents mariages : **leurs parts sont égales.** Autrefois les *aînés héritaient seuls* de toute la fortune de leurs parents afin d'en éviter le partage : cela s'appelait le **droit d'aînesse.** C'était *injuste* parce que tous les enfants ont des *droits égaux à la fortune comme à l'affection* de leurs parents.

83. — Quand un enfant est décédé laissant des enfants ces enfants le *représentent* dans la succession, et forment ce qu'on appelle une **souche.** Ils héritent de la part de leur père ou de leur mère et se la partagent : c'est ce qu'on appelle la **représentation.**

84. — Un enfant **posthume,** — né après la mort de son père, — hérite comme les autres.

85. — Lorsqu'une personne *meurt sans enfants et sans frères ni sœurs, si elle a encore des ascendants,* sa succession se divise par moitié entre les ascendants de la ligne paternelle et les ascendants de la ligne maternelle.

86. — Lorsqu'une personne, *morte sans enfants, laisse des père et mère et des frères ou sœurs*, la succession se partage en deux portions égales : la moitié revient au père et à la mère qui se la partagent; l'autre moitié appartient aux frères et sœurs qui se la partagent également. Si l'un des père et mère est prédécédé, la portion du défunt s'ajoute à la moitié des frères ou sœurs qui ont ainsi à se partager les trois quarts.

87. — Lorsqu'une personne, *dont les ascendants sont défunts, meurt sans enfants*, ses frères ou sœurs, si elle en a, se partagent sa succession en parties égales. Si *elle n'a pas de frères ou de sœurs, ni de descendants de frères ou de sœurs*, la succession revient aux collatéraux, c'est à-dire aux cousins et cousines, moitié pour la ligne paternelle et moitié pour la ligne maternelle, jusqu'au dernier degré successible.

88. — Le *dernier degré successible* est le **douzième.** Ainsi, dans le tableau ci dessus, les enfants de Jacques et de Joseph n'hériteraient pas les uns des autres.

89. — Quand *quelqu'un meurt sans parents jusqu'au douzième degré* et *qu'il n'a pas fait de testament*, sa succession est attribuée à son conjoint survivant, s'il est marié : s'il ne l'est pas, elle revient à l'État.

Exercice nº 13. — Quand une personne meurt, qui lui succède d'après la loi ? — Y a-t-il des distinctions entre les enfants ? — Qu'appelait-on autrefois droit d'ainesse? — Que pensez-vous de ce droit ? — Qu'arrive-t-il quand un des enfants est décédé laissant lui-même des enfants ? — Qu'est-ce que la représentation ? — Qu'est-ce qu'un enfant posthume ? — Quels sont ses droits ? — Quand une personne meurt sans enfants et sans frères ou sœurs, mais avec des ascendants, comment ceux-ci héritent-ils? — Quand une personne meurt laissant des ascendants et des frères ou sœurs, comment la succession se partage-t-elle? — Si l'un des père et mère est mort qu'arrive-t-il pour les frères et sœurs ? — Quand une personne meurt sans ascendants, ni descendants, qui hérite d'elle ? — Et si elle n'a point de frères ou de sœurs ni descendants de frères ou sœurs, qui hérite ? — Jusqu'à quel degré les cousins héritent-ils ? — Qu'arrive-t-il quand quelqu'un meurt sans héritiers au degré successible ?

XIV. De l'acceptation des successions

90. — **Nul n'est forcé d'accepter** une succession qui lui est échue. Si *elle est mauvaise,* on peut y **renoncer**; si elle est *douteuse,* il est prudent de ne l'accepter que sous **bénéfice d'inventaire.**

91. — On appelle *inventaire* un acte notarié contenant l'énumération et l'estimation des biens meubles du défunt; on y ajoute la mention, sans estimation, des immeubles, et celle des dettes. On a *trois mois* pour faire cet inventaire, et *quarante jours encore après pour se décider* si l'on doit accepter ou refuser la succession. — Pendant ce temps il faut ne disposer de rien de la succession, autrement dit ne pas faire *acte d'héritier.*

92. — L'acceptation sous bénéfice d'inventaire se fait par une déclaration au greffe du tribunal de l'arrondissement du défunt.

93. — Celui qui n'accepte une succession que sous bénéfice d'inventaire *n'est tenu aux dettes de la succession que jusqu'à concurrence* de ce qu'a laissé le défunt. Si les *dettes dépassent les biens* à recueillir, on abandonne toute la succession aux créanciers et aux légataires.

94. — Ceux qui héritent, soit par testament, soit légalement doivent le *déclarer au bureau de l'enregistrement dans le délai de six mois* et payer les droits de **mutation.**

95. — La loi **enlève le droit d'hériter** à celui qui donne ou tente de donner la mort à la personne dont il doit hériter; à celui qui porte contre elle une accusation capitale calomnieuse; à celui qui, instruit du meurtre du défunt, ne l'a pas dénoncé à la justice (à moins que le meurtrier ne soit un parent très proche).

Exercice n° 14. — Est-on forcé d'accepter une succession ? — Que faut-il faire quand une succession est grevée de dettes ? — quand elle est douteuse ? — Qu'est-ce qu'un inventaire ? —

Qu'est-ce que accepter une succession sous bénéfice d'inventaire ? — En quoi consiste ce bénéfice ? — Où se fait la déclaration d'acceptation sous bénéfice d'inventaire ? — Où se paient les droits de mutation ? — Dans quel délai ? — Quels sont ceux que la loi prive du droit d'hériter ?

XV. Des donations entre vifs

96. — La **donation entre vifs** est un acte par lequel on se dépouille *actuellement* et *irrévocablement* de la chose donnée en faveur d'une personne appelée **donataire** qui l'accepte. La donation diffère du testament en ce qu'elle est irrévocable. *Elle ne peut être faite que par-devant notaire.*

97. — On ne peut donner que la **quotité disponible** indiquée plus haut pour les testaments (voir n° 67).

98. — Ne **peuvent donner** les *interdits*, les *mineurs*. La loi accorde à ces derniers le pouvoir de tester à l'âge de 16 ans (voir n° 66), parce que le testament *pourra toujours,* si cela leur convient, *être révoqué plus tard par eux* quand leur raison sera développée ; mais ils ne peuvent donner par la raison que la donation est *irrévocable,* et qu'ils n'ont pas assez de raison pour faire un pareil acte.

99. — Ne **peuvent recevoir une donation** les *tuteurs,* de la part de leur *pupille;* les *médecins,* les *prêtres,* etc., de la part des *malades qu'ils* soignent.

100. — Les *enfants naturels ne peuvent recevoir* de leurs parents par donation (pas plus que par testament) rien au delà de ce qui leur est accordé par la loi comme succession (voir n° 17).

101. — Le donataire qui *reçoit des biens susceptibles d'hypothèques* (voir n° 232) a tout intérêt à faire inscrire la donation au bureau des hypothèques de l'arrondissement (n° 233), afin que les tiers ne puissent plus traiter avec le donateur et prendre gage sur les biens donnés, croyant qu'ils appartiennent encore au donateur.

102. — La donation entre vifs ne peut comprendre que *des biens présents et jamais des biens à venir,* — excepté toutefois les donations en faveur du mariage.

103. — Quoique la donation soit irrévocable, cependant *elle peut être révoquée,* non de plein droit, mais sur demande formée dans l'année, *pour cause* **d'ingratitude,** de **sévices,** etc., du donataire envers le donateur.

104. — De plus, les donations *faites par des personnes sans enfant* se trouvent **révoquées et annulées de plein droit par la survenance d'enfant,** la loi supposant que le donateur n'aurait pas donné s'il avait eu ou prévu avoir des enfants.

Exercice n° 15. — Qu'est-ce que la donation entre vifs ? — En quoi diffère-t-elle du legs ? — Que peut-on donner ? — A qui est-il interdit de donner ? — Par le ministère de qui la donation doit-elle constatée ? — Pourquoi un mineur peut-il tester et jamais donner ? — A qui la loi interdit-elle de recevoir une donation ? — Qu'est-ce qu'un enfant naturel peut recevoir par donation ? — Quelle précaution relative aux hypothèques doit prendre le donataire ? — Peut-on donner des biens à venir ? — Pour quels motifs une donation peut-elle être révoquée ? — Parlez de la survenance d'enfant.

XVI. Des donations entre époux

105. — Les donations que les époux peuvent se faire l'un à l'autre diffèrent un peu des précédentes.

106. — Un *époux mineur peut donner par contrat de mariage* tout ce qu'un majeur peut donner, toutefois avec le consentement et l'assistance de ses parents ou de son tuteur ; *mais une fois marié il ne peut plus rien donner* avant sa majorité.

107. — L'époux peut, *par contrat de mariage, ou pendant son mariage,* donner à son conjoint *toute la quotité disponible, plus l'usufruit* de la portion réservée aux héritiers ; mais *s'il laisse des enfants,* il ne pourra donner à son conjoint qu'*un quart en propriété* et *un quart* *en usufruit,* ou *la moitié de tous ses biens en usufruit seulement.*

108. — Les donations entre époux *pendant le mariage sont toujours* **révocables,** parce que la loi a redouté qu'elles ne soient arrachées par crainte, séduction, etc. Un *simple testament peut donc les révoquer.*

109. L'époux qui **contracte un nouveau mariage,** *ayant des enfants du premier lit, ne peut donner à son nouvel époux,* qu'*une part d'enfant légitime le moins avantagé.*

Exercice n° 16. — Les donations entre époux diffèrent-elles des autres ? — Un époux mineur peut-il donner à son conjoint ? — En quelles circonstances ? — Qu'est-ce que l'époux sans enfants peut donner à son conjoint ? — Que peut donner l'époux qui laisse des enfants ? — Quelle différence entre les donations faites par contrat de mariage et celles faites pendant le mariage ? — Pourquoi ces dernières sont-elles révocables ? — Que peut donner à son nouveau conjoint, un époux, qui, ayant des enfants du premier lit, se marie une seconde fois ?

XVII. De la vente

110. — **La vente** diffère de la donation en ce que le *vendeur* s'engage à transmettre la propriété d'une chose à quelqu'un nommé *acheteur,* qui s'oblige à la payer un prix convenu. C'est un *contrat onéreux,* c'est-à-dire qui impose une charge, et *bilatéral,* c'est-à-dire qui oblige les deux parties.

111. — On appelle **vente à l'amiable** celle qu'on fait de son plein gré, **vente judiciaire** celle qui est ordonnée par la justice.

112. — On appelle **vente par licitation** celle qui se fait par autorité de justice d'une chose appartenant *indivise* à plusieurs personnes. Quand ces personnes sont majeures, elles peuvent *exclure les étrangers* de la vente ; mais quand il y a un mineur intéressé à la vente, celle-ci se fait toujours *par licitation avec admission d'étrangers.*

113. — On appelle vente **à réméré** une vente, avec *faculté de rachat* pendant cinq ans, au prix auquel la chose a été vendue, augmenté des frais de vente ou de réparation.

114. — Toute vente peut être faite soit par *devant notaire*, soit *par acte sous seings privés*, soit même *verbalement*; mais dans ce dernier cas on *ne pourrait prouver la vente par témoins qu'autant que le prix serait au-dessous de 150 francs.*

115. — **Les frais de la vente,** à moins de conventions contraires, sont, d'après la loi, *à la charge de l'acheteur*, parce que l'acheteur n'est point forcé d'acheter, tandis que le vendeur peut être forcé de se défaire de son bien.

116. — *Tout le monde peut* acheter et vendre, excepté **les interdits, les mineurs, les femmes mariées,** etc.

117. — *On peut vendre tout ce qu'on possède*, meubles et immeubles, des créances, des fruits sur l'arbre, etc. Cependant la loi défend de vendre les blés en herbe.

Exercice n° 17. — Qu'est-ce que la vente ? — En quoi diffère-t-elle de la donation ? — Que veut dire contrat onéreux ? — bilatéral ? — Qu'est-ce qu'une vente à l'amiable ? — une vente judiciaire ? — une vente par licitation ? — Qu'est-ce qu'un bien indivis ? — Qu'est-ce qu'une vente à réméré ? — De quelles manières peut se faire une vente ? — Quand peut-on prouver une vente par témoins ? — Qui supporte, d'après la loi, les frais de la vente ? — pourquoi ? — Qui peut vendre ? — Quelles choses peut-on vendre ?

Exercice n° 17 (bis). — L'élève fera un acte de vente sous seings privés, de 24 peupliers vendus 500 francs avec indication des conditions et du mode de paiement.

XVIII. Des obligations du vendeur et de l'acheteur

118. — Le *vendeur* a *deux obligations principales* : **délivrer** et **garantir** la chose vendue ; *l'acheteur* en a *une* qui est de **payer** de la manière convenue le prix de son acquisition.

119. — **La délivrance** consiste à remettre à l'acheteur la chose vendue *telle qu'elle a été vendue, dans le temps convenu,* et *suivant la quantité convenue* quand il y a quantité. Si la quantité ou contenance se trouve *supérieure d'un vingtième* à ce qui était convenu, l'acheteur a le droit de se désister ou de payer le supplément ; si l'augmentation n'est pas d'un vingtième il n'a pas droit de se désister et doit payer le supplément, car la loi ne suppose pas qu'une si petite différence aurait fait manquer la vente.

120. — **La garantie** consiste en ce que le vendeur doit assurer à l'acheteur la possession paisible de l'objet vendu, et le mettre à l'abri de l'*éviction*, c'est-à-dire de l'abandon forcé de la chose vendue par suite de droits d'autrui. Si quelqu'un poursuivait l'acquéreur en éviction, celui-ci aurait le droit d'appeler le vendeur en cause pour s'y défendre lui-même.

121. — Le vendeur doit aussi *garantir* l'acquéreur contre les **défauts** ou **vices cachés** de la chose vendue, quand même il ne les aurait pas connus au moment de la vente : *ces vices sont ceux qui rendent la chose impropre à l'usage auquel on la destine, ou qui en diminuent assez la valeur pour que l'acheteur ne l'eût pas acquise s'il eût connu* le vice caché. On appelle ces vices **rédhibitoires,** c'est-à-dire *capables de faire rendre l'objet vicié.*

122. — En effet, *en cas de vice rédhibitoire,* l'acheteur a le pouvoir de *rendre la chose* et *de se faire restituer le prix,* ou de garder la chose en se faisant restituer une partie du prix fixée par experts. L'acheteur doit agir contre le vendeur dans le plus bref délai.

123. — En cas de *vente par justice, il n'y a pas de vices rédhibitoires.*

124. — Tout *vendeur d'immeubles* qui a été **lésé de plus de sept douzièmes,** a le droit de demander *la nullité de la vente, quand même il aurait renoncé à user de ce* *droit.* La loi a craint que la *vente à vil prix ne fût la suite d'un état de détresse* et de besoins urgents dont certaines gens ne se feraient pas scrupule de profiter.

125. — La demande en *rescision* ou annulation n'est plus recevable après **deux années.** Quand la susdite lésion a été admise par trois experts, *l'acquéreur a le choix* ou de *rendre la chose contre restitution* du prix, ou de *payer le supplément* fixé par les experts, moins un dixième du prix total.

126. — **L'échange** diffère de la vente en ce que c'est la cession d'un objet non contre un prix en argent, mais contre un autre objet. Les frais sont supportés par les deux parties, à moins de conventions contraires. Quand les objets ne sont pas de même valeur, la différence payée en argent se nomme **soulte.**

Exercice n° 18. — Quelles sont les obligations du vendeur et de l'acheteur ? — En quoi consiste la délivrance ? — Quels sont les droits de l'acheteur si la contenance de la chose vendue est supérieure d'un vingtième à ce qui était convenu ? — En quoi consiste la garantie ? — Qu'est-ce que l'éviction ? — Qu'est-ce qu'un vice rédhibitoire ? — Quels sont les vices qui sont rédhibitoires ? — Quels sont les droits de l'acheteur, en cas de vice rédhibitoire ? — Y a-t-il vice rédhibitoire en cas de vente par justice ? — pourquoi ? — Que veut dire lésion de plus de sept douzièmes ? — Quels droits donne-t-elle au vendeur ? — pourquoi ? — Dans quel délai doit s'exercer ce droit ? — Quand la lésion est prouvée, quel choix a l'acquéreur ? — Qu'est-ce que l'échange ? — En quoi diffère-t-il de la vente ? — Qui en supporte les frais ? — Qu'appelle-t-on soulte ?

XIX. Le Commerçant. — Les livres de commerce

127. — Celui dont la profession est *d'acheter pour revendre* est un **commerçant.**

128. — Les *mineurs* non émancipés ne *peuvent faire du commerce,* pas plus que les *femmes mariées,* si elles ne sont autorisées par leur mari.

129. — Les commerçants ont *diverses obligations*, par exemple de *tenir des livres*, de *payer patente*, de *publier leur contrat de mariage,* et, quand il y a lieu, le *jugement prononçant la séparation* de corps et de biens.

130. — La loi exige que les commerçants aient trois livres principaux : le **journal,** le **livre des inventaires,** et le **copie de lettres.**

131. — Le *journal* est un registre où le commerçant doit *inscrire, sans blancs, lacunes ni ratures,* toutes les opérations faites dans la journée à quelque titre que ce soit, même non commercial, comme héritage, vente de propriété, etc. A la fin du mois on y inscrit en bloc les dépenses de maison.

132. — Le *livre des inventaires* est celui où le commerçant inscrit, *au moins une fois l'an,* le tableau de ce qu'il possède, autrement dit de son **actif,** et de ce qu'il doit, autrement dit de son **passif.** C'est par l'inventaire que le commerçant connaît l'état de sa fortune.

133. — Le livre de *copie de lettres* est celui où il doit *copier toutes les lettres qu'il envoie.* Quant à celles qu'il reçoit, il doit les mettre en liasses, pour servir en cas de contestation avec ses clients ou fournisseurs.

134. — Les commerçants ont encore ordinairement d'autres livres auxiliaires, tels que le **Grand Livre,** le **livre de caisse,** etc.

135. — Les commerçants doivent *garder leurs livres et leur correspondance* **pendant dix ans.**

Exercice n° 19. — Qu'est-ce qu'un commerçant ? — A qui le commerce est-il interdit ? — Quelles sont les obligations du commerçant ? Quels livres sont imposés par la loi aux commerçants ? — Qu'est-ce que le journal ? — Qu'est-ce que le livre des inventaires ? — Qu'appelle-t-on actif ? — passif ? — A quoi sert l'inventaire ? — Qu'est-ce que le copie de lettres ? — Pourquoi le commerçant doit-il garder copie des lettres qu'il envoie ? — Que doit-il faire de celles qu'il reçoit ? — Combien de temps doit-il conserver sa correspondance et ses livres ? — N'a-t-il pas souvent des livres auxiliaires ? — Qu'est-ce que le Grand Livre ? — le livre de caisse ?

XX. La Faillite

136. — Quand un commerçant *doit plus qu'il ne possède* et *cesse ses paiements*, il est déclaré en **faillite.**

137. — Le premier devoir de celui qui se trouve en cet état est *d'en faire lui-même la déclaration au greffe du tribunal* de commerce et d'y déposer son **bilan,** c'est-à-dire le tableau de son actif et de son passif, avec celui des profits et pertes, celui de ses dépenses et le nom des créanciers.

138. — Cette déclaration doit être faite au plus tôt, *dans le délai de trois jours au plus,* afin que tous les créanciers soient sur le même pied d'égalité. C'est pour cela aussi que la loi *annule toute vente accomplie, tout paiement fait* dans les dix jours qui précèdent la faillite.

139. — Le commerçant en faillite *perd l'administration de ses biens,* quels qu'ils soient, et *tout ce qu'il possède devient la propriété de ses créanciers.* Le tribunal nomme un **syndic** chargé de la vente desdits biens, avec l'autorisation d'un **juge commissaire** qui surveille les opérations ; et, quand l'actif est réalisé, *le syndic en fait la répartition entre les créanciers* qui ont eu soin de lui remettre, avec leurs titres de créances, la note sur papier timbré de ce qui leur est dû.

140. — Quelquefois les créanciers font un *arrangement* ou **concordat** avec le failli, se contentent d'une partie de ce qui leur est dû et lui font remise de l'autre partie. Dans ce cas le failli reprend ses livres et ce qui lui appartient : il peut continuer son commerce.

141. — Le failli *perd une partie de ses droits civils et politiques;* mais si, par la suite, il paie toutes ses dettes, il peut être **réhabilité,** c'est-à-dire *rétabli dans ses droits.* C'est à quoi tend toujours un homme d'honneur.

Exercice n° 20. — Quand un commerçant tombe-t-il en faillite ? — Que veut dire ce mot ? — Quel est le devoir du commerçant qui se voit en état de faillite ? — Dans quel délai doit-il faire sa

déclaration ? — pourquoi ? — Qu'est-ce que déposer son bilan ?
— Quel est l'état du commerçant déclaré en faillite sous le rapport de ses biens ? — sous le rapport de ses droits de citoyen ?
— Qu'est-ce que le syndic de la faillite? — le juge commissaire?
— Quels titres doivent produire les créanciers pour obtenir leur part de l'actif ? — Qu'est-ce qu'un concordat ? — Quelle en est la conséquence pour le failli ? — Qu'est-ce que la réhabilitation?

XXI. La Banqueroute

142. — Quand une *faillite est causée par* **la mauvaise tenue des écritures, les dépenses exagérées,** etc., elle s'appelle **banqueroute** et *devient punissable* d'un emprisonnement d'un mois au moins à deux ans au plus.

143. — Quand la faillite est *accompagnée de détournements de fonds, d'altération d'écritures,* en un mot de *fraude,* elle est dite **banqueroute frauduleuse** et peut entraîner la peine des travaux forcés.

144. — Un malheur, un engagement irréfléchi, des achats mal calculés, peuvent amener la faillite involontaire ; mais un négociant *soigneux* ne tombera jamais en banqueroute, et un négociant *honnête* ne connaîtra jamais la banqueroute frauduleuse.

145. — Si vous êtes commerçant, sachez toujours ce que vous devez et ce qu'on vous doit ; ne vendez à crédit qu'après vous être informé de la solvabilité de l'acheteur : joignez une facture à toute vente, et acquittez-la quand on vous en paie le montant; vendez à prix fixe, contentez-vous d'un bénéfice suffisant ; ne trompez jamais sur le poids ou la qualité des marchandises : celui qui trompe est un malhonnête homme, et, d'ailleurs, devient passible d'un emprisonnement de trois mois au moins et d'un an au plus, et d'une amende d'au moins 50 francs.

Exercice n° 21. — Qu'est-ce que la banqueroute ? — Quelle en est la peine ? — Qu'est-ce que la banqueroute frauduleuse ? — Comment est-elle punie? — Quelles sont les causes de la faillite?

— de la banqueroute ? — de la banqueroute frauduleuse ? — Expliquez les principaux moyens de réussir dans le commerce ? — Pourquoi faut-il joindre une facture à toute vente ? — Faut-il chercher à gagner beaucoup sur chaque objet vendu ? — A quoi s'exposent ceux qui trompent sur le poids ou la qualité des marchandises ?

XXII. Les effets de commerce

146. — Les commerçants font usage entre eux de *billets* nommés **effets de commerce**, et qui portent le nom de **Lettre de change** ou **Traite** ou **Mandat**, de **Billet à ordre**, etc.

147. — La *lettre de change* ou *traite* ou *mandat* est un écrit par lequel un commerçant s'engage à faire payer une somme par une personne désignée dans cet écrit. Exemple : Xavier, de Bordeaux, doit 1000 francs à Pierre qui habite Paris. Pierre, pour se faire payer, emploie le billet suivant :

B. P. 1000 francs.

Paris, ...   188..

Au premier janvier prochain il vous plaira payer à M....., banquier à Paris, ou à son ordre, la somme de mille francs, valeur en compte (ou en marchandises) que passerez (1) suivant avis de votre dévoué,

Pierre, négociant à Paris.

A M. Xavier, à Bordeaux.

Pierre porte sa lettre chez un banquier, lequel, moyennant *un escompte* et *une commission*, lui avance les 1000 francs contre la remise de l'effet. A son tour le banquier envoie l'effet à un correspondant qu'il a à Bordeaux, après avoir écrit au dos : « Payez à l'ordre de M. Paul, à Bordeaux (signature). » — Cette mention s'appelle **endos** ou **endossement**. Celui qui endosse un effet en accepte la responsabilité. — Le correspondant, au jour de l'échéance, présente la lettre de change

(1) C'est-à-dire : « dont vous passerez écriture. »

à Xavier qui paie contre remise. Ainsi Pierre a eu ses fonds sans dérangement ni risque.

148. — Quand un commerçant *n'est pas au-dessus de toute suspicion*, les banquiers, avant de lui payer les traites qu'il présente à l'escompte, *exigent que les effets soient* **acceptés** *par le tiré.*

149. — On appelle **tiré** celui qui doit payer, **tireur** celui qui souscrit la traite, **preneur** celui qui avance l'argent, **endosseur** celui qui se charge de la faire passer, **porteur** celui entre les mains duquel elle se trouve.

Exercice n° 22. — Qu'est-ce qu'un effet de commerce ? — Nommez les deux principaux. — Qu'est-ce que la lettre de change ? — Faites une traite, en votre nom, sur Jean, de Nantes, qui vous doit 500 francs. — Que ferez-vous de cette traite ? — Qu'est-ce que l'escompte et la commission ? — Que fera le banquier de votre traite ? — Qu'est-ce qu'un endos ? — Quelle est la responsabilité de l'endosseur ? — Qu'est-ce que l'acceptation d'une traite ? — Quand est-elle exigée ? — Qu'appelez-vous tiré ? — tireur ? — preneur ? — endosseur ? — porteur ?

XXIII. Les effets de commerce *(suite)*

150. — **Le billet à ordre** n'est pas, comme la traite, adressé par le créancier au débiteur, mais *souscrit par le débiteur* et *donné en paiement au créancier*. Celui-ci le négocie, comme la traite, à des endosseurs dont le dernier le fait présenter au souscripteur pour être payé au jour de l'échéance.

151. — Voici un modèle de billet à ordre :

B. P. 800 francs.

« *Au premier janvier prochain je paierai à M......, ou à son ordre la somme de huit cents francs, valeur reçue comptant, (ou valeur en marchandises).*

A........... le........... 188.

(Signature)

152. — *Si le tiré ou le souscripteur d'un billet ne pouvait payer à l'échéance,* ce défaut de paiement serait constaté

par un huissier au moyen d'un acte appelé **protêt**; le porteur aurait recours contre le tireur et même contre les endosseurs qui seraient responsables si besoin était. Il faut donc réfléchir avant d'endosser un billet.

153. — Tout tiré ou souscripteur qui *laisse protester sa signature* s'expose à être mis immédiatement en faillite.

154. — Le tireur peut négocier une traite avec la condition de **retour sans frais** en cas de non paiement.

155. — Les traites et billets seraient valables sur papier libre, mais il y *aurait amende*. C'est pourquoi *on écrit les effets* de commerce *sur des bandes de papier timbré* dont la valeur est proportionnelle à la somme qui y est inscrite : *cinq centimes par cent francs*.

Exercice n° 23. — Quelle différence entre le billet à ordre et la traite ? — Vous achetez de Jean pour 500 francs de marchandises : faites-lui un billet à ordre à 3 mois de date, et donnez-lui ce billet en paiement. — Que fera-t-il de ce billet ? — Qu'arrivera-t-il si, dans trois mois, vous ne pouvez payer le billet souscrit ? — Qu'est-ce qu'un protêt ? — Est-il grave de laisser protester un billet ou une traite ? — Qu'est-ce que la condition de retour sans frais ? — Sur quel papier sont rédigés les effets de commerce ?

XXIV. Les sociétés commerciales

156. — Quand plusieurs personnes s'associent pour faire du commerce, leur association prend le nom de *société*. Il y a plusieurs sortes de sociétés : la société **en nom collectif,** la société en **commandite,** et la société **anonyme.**

157. — La *société en nom collectif est* formée entre plusieurs personnes qui, sous une **raison sociale,** c'est-à-dire *sous le nom d'un ou plusieurs associés, sont personnellement responsables de tous les actes* de la société. Ainsi Durand et Dumur s'associent : la société peut avoir nom **Durand et Cie** ou **Durand et Dumur.** Il faut être bien sûr de la probité de ses associés pour former

cette société, puisque la signature d'un membre engage tous les autres.

158. — La *société en commandite* est celle dont les membres sont responsables comme ceux d'une société en nom collectif, mais *qui de plus admet un ou plusieurs associés simples bailleurs de fonds* que l'on nomme **commanditaires**. Si la société fait de mauvaises affaires, les associés seront mis en faillite et tous leurs biens seront vendus ; le commanditaire, lui, ne perdra que sa mise. Cette société a aussi *un nom* ou *raison sociale* dans laquelle le commanditaire n'est jamais désigné.

159. — Des commanditaires ne doivent pas prendre part à la direction des affaires sociales.

Exercice n° 24. — Qu'est-ce qu'une société commerciale ? — Combien de sortes de sociétés ? — Qu'est-ce qu'une société en nom collectif ? — Qu'est-ce que la raison sociale ? — Qu'est-ce que la société en commandite ? — Qu'est-ce qu'un commanditaire — Quelle est sa responsabilité ? — Qui dirige cette société ? — Cette société a-t-elle une raison sociale ?

XXV. Les sociétés commerciales (*suite*). — La société anonyme

160. — La **société anonyme** est celle dont les membres (qui doivent être sept au moins), non *dénommés et inconnus du public*, n'engagent qu'une certaine quantité de fonds ; ces fonds sont divisés en fractions nommées **parts ou actions** et réprésentées par des **titres** qui donnent droit à une part proportionnelle dans les bénéfices. Cette part s'appelle **dividende**. Si cette société tourne mal, le *capital représenté par les actions est perdu* pour les actionnaires, mais le reste de leur avoir n'est pas engagé.

161. — La société anonyme *prend un nom* ordinairement emprunté à l'objet de l'entreprise, comme *Compagnie des chemins de fer de l'ouest, Compagnie d'assurances générales*, etc. Elle est administrée par un **direc-**

teur sous l'autorité d'un **conseil d'administration** et de **commissaires.** Les actionnaires se réunissent tous les ans en **assemblée générale**, laquelle *nomme* les directeurs et administrateurs, *approuve* ou *blâme* les opérations faites, *fixe le dividende,* etc.

162. — Quand une société anonyme emprunte des fonds, elle le fait au moyen d'**obligations** qu'elle offre au public en s'engageant à payer un intérêt convenu et à les rembourser ou *amortir* dans un délai déterminé.

163. — Les obligations ont de particulier : 1o qu'elles ont *un intérêt fixe, tandis que les actions ont un intérêt variable* suivant les bénéfices ; 2o qu'elles sont *rembour-sables avant les actions, et sur les fonds mêmes des actions,* quand même il ne devrait pas rester un centime aux actionnaires, attendu que ce sont les dettes de la so-ciété.

164. — Les actions et obligations peuvent être **nomi-natives**, c'est-à-dire porter le nom du propriétaire ; ou **au porteur,** c'est-à-dire ne pas désigner le propriétaire ; elles sont **numérotées.** *Il est très important de connaître et conserver les numéros des titres au porteur,* afin de pou-voir réclamer en cas de perte, de vol, etc.

Exercice nº 25. — Qu'est-ce que la société anonyme ? — Com-ment le capital social est-il constitué dans cette société ? — Qu'est-ce qu'une action ? — un titre ? — Qu'est-ce que le divi-dende ? — Quelle est la responsabilité des actionnaires ? — Quel nom prend la société anonyme ? — Par qui est-elle administrée? — Qu'est-ce que l'assemblée générale ? — Quand et pourquoi se réunit-elle ? — Qu'est-ce qu'une obligation ? — En quoi diffère-t-elle d'une action ? — Qu'est-ce qu'un titre nominatif ? — un titre au porteur ? — Pourquoi ces titres sont-ils numérotés ? — Por-quoi est-il important de connaître et conserver les numéros de ...res au porteur qu'on possède ?

XXVI. Du contrat de louage ou bail

165. — On peut *céder la jouissance d'un bien* meuble ou immeuble *moyennant un prix convenu* et *pour un*

temps convenu : cela s'appelle **contrat de louage** ou **bail**.

166. — Le propriétaire s'appelle **bailleur**; le locataire s'appelle **preneur** ou **fermier**, ce dernier prend le nom de **colon** partiaire ou **métayer** quand il n'acquitte pas le prix de la location en argent, mais au moyen d'une portion des fruits.

167. — Le bail peut se faire *verbalement* ou par *écrit.*

168. — Le bail écrit peut se faire par *acte authentique* ou par *acte sous seings privés.*

169. — Que le bail soit verbal ou écrit, *il faut qu'il soit enregistré,* sous peine d'amende, *dans un délai de trois mois* (1): les droits à payer sont de 0 fr. 25 environ par 100 fr. de loyer, *sur le loyer cumulé* de toutes les années.

170. — En cas de bail non écrit, quand il y a *contestation sur le prix, le propriétaire est cru* sur son serment, à moins que le locataire n'aime mieux demander l'estimation par experts.

171. — Le *locataire a toujours le droit de sous-louer* quand cette faculté ne lui est pas interdite par le bail ; mais le métayer ou colon partiaire n'a pas ce droit parce qu'il est pour ainsi dire l'associé du propriétaire et qu'un associé ne peut être changé sans le gré du coassocié.

172. — *L'usufruitier ne peut louer* les biens dont il a l'usufruit *pour plus de neuf ans* : ce qui gênerait les nu-propriétaires. — De même les *baux des biens des femmes mariées et des mineurs* ne peuvent excéder neuf années.

Exercice nᵒ 26. — Qu'est-ce qu'un contrat de louage ou bail ? — Qu'est-ce que le bailleur ? — le preneur ? — Quelle différence entre un fermier et un métayer ou colon partiaire ? — De quelle

(1) Ce délai part de l'entrée en jouissance pour les locations verbales et de la date de l'acte pour les baux écrits, à moins que l'entrée en jouissance ne soit antérieure à la rédaction du bail, auquel cas le délai court de cette entrée en jouissance.

manière se fait un bail ? — Qu'est-ce qu'un bail authentique ? — un bail sous seings privés ? — un bail verbal? — Parlez de l'enregistrement du bail ?— Qu'arrive-t-il quand il y a contestation sur le prix du bail verbal ? — Qu'est-ce que sous-louer ? — Le locataire a-t-il toujours le droit de sous-louer ? — Pourquoi le colon partiaire en est-il privé ? — Qu'est-ce qu'un usufruitier ? — Pour quel temps peut-il louer les biens dont il a l'usufruit ? — Pourquoi cette délimitation de temps ?

XXVII. Des conditions du bail

173. — Le bail n'est point **résolu** par la mort du bailleur ou du preneur : les héritiers héritent de leurs droits et obligations.

174. — Quand *un bien loué est vendu, l'acquéreur ne peut expulser le locataire qui a un bail dont la date est certaine*, à moins que le droit d'expulsion ne soit stipulé dans le bail (1); mais dans ce cas le locataire a droit à des dommages-intérêts fixés par le code civil (art. 1745-1746).

175. — Quand un bailleur *laisse son locataire user du bien loué après le terme fixé par le bail*, il s'opère un nouveau bail, appelé **tacite reconduction**. Ce nouveau bail *est assimilé à un bail non écrit* et n'a pas d'autre valeur (2).

176. — Signifier à un locataire que son bail prendra fin à telle époque s'appelle donner **congé**. On *est toujours obligé de donner congé à un locataire qui n'a pas de bail écrit*, mais il faut observer les *délais d'usage*.

177. — Le *congé ne se prouve pas par témoins*, il faut employer le ministère d'un huissier, à moins que les parties ne consentent à signer *un congé amiable*.

178. — Le propriétaire est tenu de fournir la chose louée en bon état de service, et d'y faire, pendant la durée du bail, les grosses réparations nécessaires.

(1) Encore l'expulsion ne peut avoir lieu qu'après les délais d'usage, six mois pour une maison, un an pour une ferme.
(2) Il prend fin par un congé signifié dans les délais d'usage.

179. — Le locataire est tenu d'user de la chose louée en bon père de famille ; de n'y rien changer ; d'y faire **les réparations locatives,** telles que réparations aux pavés des chambres, aux vitres des fenêtres, aux fermetures des portes, aux enduits des appartements à la hauteur d'un mètre, etc. (art. 1754 du code), à moins que les dégradations ne soient occasionnées par vétusté ou force majeure ; de garnir les appartements loués de meubles suffisants pour répondre en tout temps du loyer ; et, si c'est un bien rural, de le garnir d'ustensiles et bestiaux nécessaires à son exploitation, sous peine de *résiliation.*

180. — Enfin le locataire *est tenu de rendre la chose louée dans l'état où il l'a reçue;* et, pour cela, il est utile de faire dresser, à l'entrée en jouissance, **un état des lieux,** car lorsque pareil état n'a point été dressé, le locataire *est censé avoir pris la chose en bon état, et doit la rendre telle.*

181. — Tout bail sous seings privés doit être fait *en autant d'exemplaires qu'il y a de parties intéressées* au bail, afin que chacune en ait un en sa possession.

Exercice n° 27. — La mort du bailleur ou du preneur résout-elle le bail ? — La vente d'un bien loué met-elle fin au bail, et donne-t-elle à l'acquéreur le droit d'expulser le locataire ? — Qu'est-ce que la tacite reconduction ? — Qu'est ce que signifier congé ? — Quand est-il nécessaire de donner congé ? — Par le ministère de qui le congé se donne-t-il ? — Quels délais donne-t-on au locataire ? — Pourquoi ces délais ? — Qu'est-ce qu'un congé amiable ? — Quelles sont les obligations du bailleur ? — Quelles sont celles du preneur ? — Qu'entend-on par réparations locatives ? — par vétusté ? — par force majeure ? — par résiliation du bail ? — Qu'est-ce qu'un état des lieux ? — A quoi sert-il ? — En combien d'exemplaires redige-t-on un bail sous seings privés ?

Exercice n° 27 (bis). — L'élève rédigera le bail d'une maison, louée 500 francs, pour 3, 6 ou 9 ans, avec paiement en 2 termes, et entrée en jouissance le 1er mai prochain.

Exercice n° 27 (ter). — 1° L'élève rédigera un congé amiable. — 2° Il rédigera un état des lieux de la classe.

XXVIII. Du louage des personnes

182. — On peut **céder ses services** *pour un prix convenu et pour une entreprise déterminée,* mais seulement à *temps et jamais à vie,* ce qui est défendu comme contraire à la liberté individuelle.

183. — De plus, si la personne qui engage ses services *refuse de remplir ses engagements, elle ne peut y être forcée* mais seulement condamnée à des dommages-intérêts.

184. — Ceux qui cèdent leurs services à prix d'argent s'appellent **domestiques, journaliers,** etc.

185. — En cas de contestation, le *maître est cru sur son affirmation par serment* pour *la quotité des gages,* pour le *paiement des salaires de l'année* échue, et pour les *acomptes donnés sur l'année courante.*

186. — Les domestiques *ne peuvent engager leurs maîtres :* aussi les commerçants qui vendent à crédit aux domestiques pour le compte des maîtres, sans y être autorisés, le font à leurs risques et périls.

187. — D'après un usage qui a force de loi, *on ne peut,* à moins de motifs graves, *renvoyer un domestique sans le prévenir huit jours à l'avance,* ou *lui payer huit jours de gages,* pour qu'il ait le temps de chercher une autre place ; de même le domestique qui veut quitter son maître doit le prévenir huit jours à l'avance.

188. — Quand les domestiques *sont loués à l'année, ils ne peuvent ni quitter ni être renvoyés avant* l'expiration du bail, sous peine de dommages-intérêts, à moins de plaintes sérieusement prouvées de part et d'autre.

189. — Un maître, bien qu'il ait à se plaindre d'un domestique, *ne peut lui refuser le certificat exigé d'ordinaire pour se replacer ailleurs :* évidemment le maître n'est pas obligé de dire du bien d'un domestique dont il a à se plaindre, mais il ne peut non plus rien en dire qui puisse nuire à sa réputation. Si le maître *refusait un certificat* constatant que le domestique sort de chez

lui, celui-ci *pourrait citer son patron devant le juge de paix.*

190. — Les domestiques, journaliers, et, en général tous ceux qui cèdent leurs services à prix d'argent, *à la journée, au mois,* etc., doivent avoir soin de se faire payer régulièrement ; car *la loi ne les autorise pas à réclamer plus de six mois de gages,* le surplus est présumé payé : cette présomption de paiement s'appelle *prescription.* Ceux qui *sont loués à l'année* ne *peuvent réclamer qu'un an de gages,* le surplus est présumé payé. Ceci est important en cas de faillite, de décès des maîtres ; car les héritiers ou les créanciers peuvent refuser de payer les gages prescrits.

Exercice n° 28. — Peut-on céder ses services personnels à prix d'argent ? — Pour combien de temps ? — Si une personne refuse de remplir les engagements qu'elle a pris de servir quelqu'un, peut-elle y être contrainte par force ? — Pourquoi ? — Comment s'appellent ceux qui servent à prix d'argent ? — En cas de contestation sur le prix ou le paiement des services à qui la loi s'en rapporte-t-elle ? — Les domestiques peuvent-ils engager leurs maîtres ? — Un domestique peut-il quitter son maître, et un maître renvoyer son domestique sans délai ? — dans quel cas ? — Lorsqu'il y a louage à l'année, le domestique peut-il quitter, ou le maître renvoyer, avant la fin de l'année ? — Un maître peut-il refuser un certificat à un domestique dont il est mécontent ? — Quelle est la nature de ce certificat ? — Pourquoi les domestiques et journaliers doivent-ils avoir soin de se faire payer régulièrement ? — Qu'est-ce que la prescription ? — Dans quel cas la négligence à réclamer les gages peut-elle devenir fatale aux domestiques ?

Exercice n° 28 (bis). — L'élève rédigera un certificat délivré par un maître à un domestique.

XXIX. Du louage de l'argent ou prêt à intérêt

191. — L'argent peut se louer, ou, se prêter moyennant un prix appelé **intérêt**, ou **revenu**, ou **rente**; la somme prêtée se nomme **capital** ou **principal**, l'intérêt pour cent francs le **taux**, celui qui prête **créancier**, celui qui emprunte **débiteur**.

192. — Tout prêt d'une somme inférieure à 150 francs peut être prouvé par témoins ; mais au-dessus de 150 francs, la preuve par témoins n'est plus admise, parce que la loi a craint que, pour des sommes considérables, certaines personnes sans conscience ne fussent portées à payer de faux témoins.

193. — Quoique *les honnêtes gens connaissent toujours leurs engagements*, et n'attendent pas qu'on fournisse des preuves contre eux, il est cependant toujours prudent de constater le prêt soit par écrit authentique soit par écrit sous seing privé.

194. — L'acte de reconnaissance de dette sous seing privé se fait sur papier timbré proportionnellement à la somme, comme les effets de commerce. Il serait valable, mais sujet à l'amende, s'il était sur papier libre. Quand il n'est pas écrit de la main de l'emprunteur, celui-ci doit, avant de le signer, y écrire en toutes lettres : **Bon pour..... francs.**

195. — Si le prêt est fait à intérêt, il faut que *le taux et les conditions soient exprimés par écrit*, sans quoi le prêt *serait présumé gratuit*.

196. — La loi défend de faire payer des intérêts supérieurs à 5 % en matière civile, et 6 % en matière commerciale. Celui qui fait payer des intérêts plus élevés se nomme **usurier** ou **prêteur à usure.**

197. — *La quittance donnée du capital sans réserve des intérêts suppose ceux-ci payés.* Il faut donc faire attention à cela quand le débiteur rembourse le capital et qu'il reste dû quelque intérêt.

Exercice n° 29. — L'argent peut-il se louer ? — L'expression *prêter à intérêt* est-elle juste ? — Qu'est-ce que le capital ? — le taux ? — l'intérêt ? — le revenu ? — la rente ? — le créancier ? — le débiteur — Comment se prouve le prêt d'une somme ? — Pourquoi ne peut-on prouver par témoins le prêt d'une somme supérieure à 150 francs ? — Comment se fait un acte de reconnaissance de prêt d'argent ? — Si l'on omettait d'y mentionner la condition et la quotité de l'intérêt, qu'arriverait-il ? — La loi fixe-

3**

t-elle une limite d'intérêt ? — Qu'est-ce qu'un usurier ? — Que faut-il observer quand on donne quittance au débiteur du capital qu'il rembourse ?

Exercice n° 29 (bis). — L'élève rédigera sur des données fournies par le maître, un acte sous seing privé de reconnaissance de prêt d'argent.

Exercice n° 29 (ter). — L'élève rédigera une quittance d'intérêt, puis une quittance de remboursement du capital.

XXX. De la rente

198. — Quand le prêteur et l'emprunteur *conviennent que le capital ne sera jamais exigible,* mais *seulement productif d'un intérêt* payable à certaines époques, ils créent ce qu'on appelle une **rente,** qui est l'intérêt du capital engagé. C'est ainsi qu'empruntent la plupart des gouvernements.

199. — La rente se calcule sur un capital de 100 francs ou multiple de 100 francs, suivant les conventions, et ce capital se nomme **capital nominal.**

200. — Les rentes sont transmissibles par vente, et leur prix est variable comme celui de toutes choses : le prix qu'il faut mettre pour avoir 3 francs de rente, ou 4 francs, ou 4 fr. 50, etc., se nomme le **cours** de la rente. C'est le **capital réel** qu'il faut débourser pour avoir une rente. Quand le capital réel à débourser égale le capital nominal, c'est-à-dire 100 fr. ou un de ses multiples, on dit que la rente est **au pair.**

201. — Les rentiers *recouvrent leur capital en vendant leurs rentes.* S'ils vendent plus cher qu'ils ont acheté, c'est que la rente est en **hausse ;** s'ils vendent moins cher, c'est que la rente est en **baisse.**

202. — L'État français paie actuellement trois sortes de rentes : le 3 %, le 4 %, et le 4, 50 % ou 4 1/2. Cela veut dire que le capital nominal de 3 fr. de rente, ou 4 fr., ou 4 1/2 est 100 francs, mais non qu'il faut toujours donner 100 fr. pour avoir 3 fr., 4 fr. ou 4 1/2 de rente ; *car le cours de ces rentes varie.*

203. — Le commerce des rentes se fait à la **Bourse** par l'intermédiaire des **agents de change.**

204. — Il y a *trois sortes de titres* de rente : le titre **au porteur,** le titre **nominatif,** et le titre **mixte.**

205. Le *titre au porteur* ne contient pas le nom du propriétaire ; il est facile à transmettre ou à vendre sans formalités, mais a l'inconvénient d'être aussi facile à voler ou à perdre. Pour en toucher la rente, on découpe à l'époque voulue, un petit morceau du titre, nommé **coupon,** que l'on présente à un percepteur ou à un receveur des finances.

206. — Le *titre nominatif* porte le nom du propriétaire, ne peut par conséquent ni se perdre ni être volé, mais il faut pour le vendre une procuration notariée qui coûte assez cher : la rente se paie sur la présentation du titre.

207. — Le *titre mixte* porte le nom du propriétaire, et est muni de coupons au porteur qui permettent de toucher facilement la rente : il réunit donc la facilité à la sécurité, mais il ne peut se vendre sans procuration notariée.

208. — Le propriétaire d'un titre au porteur (rente, obligation ou action) *qui vient à être dépossédé de son titre* par vol, perte, etc., a deux choses à faire : 1o déclarer par exploit d'huissier à l'établissement débiteur la perte et les numéros des titres avec l'indication du mode dont il les a acquis ; 2o signifier également par exploit d'huissier à la chambre syndicale des agents de change de Paris la perte de ses titres avec indication des numéros et du mode d'acquisition. Ces déclarations constituent **opposition** au paiement et à la négociation des titres de la part de celui qui les aurait volés, et elles permettent au vrai propriétaire de conserver ses droits et d'obtenir le paiement de ses titres après certains délais.

Exercice n° 30. — Qu'appelle-t-on proprement rente ? — Qu'est-ce que le capital nominal de la rente ? — Qu'est ce que le cours ? — Quand une rente est-elle au pair ? — Comment les rentiers recouvrent-ils le capital de la rente ? — Qu'est-ce que vendre en hausse ? — en baisse ? — Combien de sortes de rentes françaises ? — Par qui se fait le commerce de rentes ? — Combien de sortes de titres de rentes françaises ? — Qu'est-ce que le titre au porteur ? — Quels en sont les avantages et les inconvénients ? — Qu'appelle-t-on coupon ? — Qu'est-ce que le titre nominatif ? — Quels en sont les avantages et les inconvénients ? — Qu'est-ce que le titre mixte ? — Que doit faire celui qui a été dépossédé d'un titre au porteur ? — Qu'est-ce qu'un titre frappé d'opposition ?

XXXI. De la rente viagère

209. — On appelle **rente viagère** celle qu'une personne s'engage à payer à autrui pendant **la durée de sa vie**, soit gratuitement, soit contre remise d'une somme d'argent, ou d'un autre bien meuble ou immeuble.

210. — La rente *constituée gratuitement* doit être établie par *devant notaire*, parce que c'est une donation ; celle qui est constituée à *titre onéreux* peut s'établir par *acte sous seings privés*.

211. — La rente viagère peut être établie *au profit d'un tiers*, quoique le prix en soit fourni par une autre personne.

212. — La rente viagère peut être constituée au *taux qu'il plaît* aux parties de fixer.

213. — Le capital ou prix de la rente viagère ne peut jamais se rembourser pour éteindre la rente : celle-ci ne s'éteint que par la *mort naturelle* du rentier.

214. — Le rentier ne peut demander les arrérages qu'en *justifiant de son existence*.

Exercice n° 31. — Qu'est-ce qu'une rente viagère ? — Quand est-elle gratuite ? — onéreuse ? — Par le ministère de qui doit être constituée la rente viagère gratuite ? — Pourquoi ? — Une personne ne peut-elle payer le prix d'une rente viagère et l'attribuer à un tiers ? — À quel taux se constitue la rente viagère ? — Comment s'éteint la rente viagère ? — Pourrait-on l'éteindre en en remboursant le prix ? — Quelle justification faut-il pour toucher les arrérages ?

Exercice n° 31 (bis). — L'élève rédigera un acte, sous seings privés, de constitution d'une rente viagère de 400 francs, payable par trimestre, contre abandon d'une maison sise à...

Exercice n° 31 (ter). — L'élève rédigera un certificat de vie.

XXXII. Du prêt

215. — Le **prêt** consiste à livrer une chose à quelqu'un *pour qu'il s'en serve et la rende ensuite* ou en *rende l'équivalent si la chose se consomme.*

216. — Il y a deux sortes de prêt : 1° le **prêt à usage** ou **commodat**, qui est le prêt des choses dont on *peut se servir sans les détruire*, et que *l'emprunteur est tenu de rendre* après l'usage; 2° le **prêt de consommation** qui est le prêt des choses *fongibles*, c'est-à-dire qui se consomment : dans ce cas l'emprunteur n'est tenu qu'à rendre l'équivalent ou le prix de la chose.

217. — Tout prêt est *essentiellement gratuit,* sans quoi ce serait un louage.

218. — Le prêteur à usage est toujours propriétaire de la chose prêtée.

219. — Si la chose prêtée *périt par cas fortuit,* c'est-à-dire indépendant de la volonté de l'emprunteur, celui-ci n'est pas responsable, *à moins qu'il n'ait employé la chose à un autre usage ou pour un temps plus long* qu'il ne devait.

220. — Si la chose périt *par un cas fortuit dont l'emprunteur aurait pu le garantir* en employant la sienne, il est responsable.

221. — Si la chose a des défauts de nature à nuire à l'emprunteur, le *prêteur est responsable du dommage, s'il n'a averti* l'emprunteur.

222. — Dans le prêt à consommation, la chose prêtée est la *propriété de l'emprunteur : elle périt pour lui.*

Exercice n° 32. — Qu'est-ce que le prêt ? — Quelle différence entre le prêt et le louage ? — Qu'est-ce que le commodat ou prêt à usage ? — Qu'est-ce que le prêt de consommation ? — Donnez des exemples. — Qui est propriétaire de la chose prêtée à usage ? — Si elle périt par cas fortuit, qui en est responsable ? — Si j'emprunte un cheval pour épargner le mien, et que le cheval emprunté périsse même par cas fortuit, qu'arrive-t-il ? — Si le prêteur me prête un cheval morveux, sans m'avertir, et que les miens gagnent la maladie, qu'arrive-t-il ? — Qui est propriétaire de la chose prêtée à consommation ? — Si elle périt, pour qui est la perte ?

XXXIII. De la saisie.

223. — Les biens du débiteur sont le gage commun des créanciers, et ceux-ci ont le droit de les faire vendre par autorité de justice pour se faire payer de leurs créances : c'est ce qu'on appelle la **saisie**.

224. — La saisie se fait ordinairement par le ministère d'un huissier, qui vient faire l'inventaire des biens du débiteur et y met *arrêt;* à partir de ce moment le débiteur ne peut plus en disposer, et la vente en est faite dans un bref délai.

225. — Cependant la loi ne *permet pas de dépouiller entièrement* un débiteur : celui-ci peut *conserver son coucher, celui de sa famille, les habits* qu'il porte, *ses outils, une vache,* ou *trois brebis* ou *deux chèvres,* à son choix.

226. — Cette saisie s'appelle **saisie-exécution**. Il y a une autre saisie appelée **saisie-arrêt** ou **opposition**.

227. — La saisie-arrêt consiste en ce que le créancier s'oppose par acte d'huissier à ce qu'une somme due au débiteur par un tiers lui soit versée afin qu'elle serve au paiement dudit créancier. Celui à qui une saisie-arrêt est signifiée s'appelle **tiers-saisi**.

228. — La loi n'autorise la *saisie-opposition sur les appointements* ou le *traitement* d'un débiteur que jusqu'à concurrence du *cinquième* ou du *quart*.

Exercice n° 33. — Quel est le gage des créanciers ? — Comment peuvent-ils se faire payer leurs créances ? — Qu'est-ce que la saisie ? — Par qui se fait la saisie ? — Quels biens peut conserver celui qui est saisi ? — Comment s'appelle cette saisie ? —

Qu'est-ce que la saisie-arrêt ? — Qu'est-ce que le tiers saisi ? — Peut-on faire saisir les appointements d'un débiteur ?

XXXIV. Des divers créanciers et de leurs droits respectifs

229. — En règle générale, le prix des biens du débiteur se *distribue, entre les créanciers au même titre,* proportionnellement à leurs créances.

230. — Mais les créanciers ont des droits différents sur les biens du débiteur suivant qu'ils sont **chirographaires, hypothécaires, privilégiés.**

231. — Les *créanciers chirographaires* sont ceux dont la créance est constatée *par un écrit de la main du débiteur* ou même *de la main d'un notaire.* Ils sont payés sur les biens du débiteur à proportion de leur créance. Mais si le débiteur se défaisait de ses biens en secret le créancier n'aurait plus de droit sur ces biens. La raison en est qu'une dette chirographaire n'est point publique, et les tiers acquéreurs, ne la connaissant pas, ne peuvent en répondre.

232. — Les *créanciers hypothécaires* (hypothèque veut dire gage) sont ceux dont la créance a *pour gage réel et public* les biens du débiteur; et ce gage répond de la dette en quelques mains qu'il se trouve. La raison en est que la créance hypothécaire est inscrite sur des registres à la disposition du public, et c'est aux acquéreurs de s'assurer si les biens qu'ils veulent acheter sont grevés d'hypothèques.

233. — Le registre d'inscription des hypothèques est tenu par un chef de bureau nommé **conservateur des hypothèques,** qui réside dans chaque chef-lieu d'arrondissement, et qui est chargé de donner communication de son registre à tout réquérant.

Exercice n° 34. — Tous les créanciers d'un débiteur ont-ils les mêmes droits sur ses biens ? — Combien de sortes de créanciers? — Qu'est-ce qu'un créancier chirographaire ? — D'où vient ce nom ? — Cette créance est-elle sûre ? — pourquoi ? — Qu'est-ce qu'un créancier hypothécaire ? — Que veut dire hypothèque ? — Pourquoi les biens restent-ils le gage de la dette en quelques mains qu'ils se trouvent ? — Qui tient le registre d'inscription de hypothèques ? — Où se trouve le bureau des hypothèques ? — Est-il prudent d'acheter un immeuble sans consulter le registre d'inscription des hypothèques ? — Pourquoi ?

XXXV. Des hypothèques

234. — Celui qui veut *prêter sur hypothèques* doit remettre au conservateur une copie du contrat passé devant notaire avec l'emprunteur, par lequel celui-ci reconnaît qu'il a donné hypothèque sur sa propriété. Le conservateur inscrit sur son registre les principales dispositions du contrat.

235. — Celui qui prête sur hypothèque doit s'assurer si les biens proposés en gage sont *libres*, c'est-à-dire non déjà grévés : dans ce cas il peut prêter jusqu'à concurrence de la valeur des biens.

236. — Si un créancier prête 50,000 francs sur un bien de 100,000 ; puis qu'un autre créancier prête sur le même bien 25,000 francs ; puis un troisième encore 25,000 francs il y a ici **première, seconde, troisième hypothèque.** Le prêteur sur première hypothèque est payé le premier, le second ensuite, et le troisième peut n'être pas payé du tout, si, par suite de baisse, les biens engagés ne sont pas vendus 100,000 francs comme ils étaient estimés.

237. — L'hypothèque doit être **renouvelée tous les dix ans,** sous peine de perdre sa valeur.

238. — Il y a trois sortes d'hypothèques : 1º l'hypothèque de convention ou **conventionnelle** qui est celle dont nous venons de parler et qui résulte d'un accord entre le créancier et le débiteur, 2º l'hypothèque **judiciaire** résultant d'un jugement qui condamne une personne au paiement d'une dette ; 3º l'hypothèque **légale** qui est celle que la loi accorde à la femme sur les biens de son mari, aux mineurs et aux interdits sur les biens

de leur tuteur, à l'État et aux communes sur les biens de leurs comptables, etc. L'hypothèque légale n'a pas besoin d'être inscrite sur le registre du conservateur ; elle résulte de la *position publique et connue de mari, tuteur, comptable.*

239. — Une hypothèque peut être rayée du consentement des parties intéressées : c'est ce qu'on appelle **purger une hypothèque.**

240. — Celui qui trompe en prétendant comme libres des biens qui ne le sont pas commet le délit de **stellionnat** passible de peines très sévères.

Exercice n° 35. — Comment le créancier prend-il hypothèque sur les biens du débiteur ? — Ne doit-il pas s'assurer auparavant si les biens sont libres de toute hypothèque antérieure ? — Pourquoi ? — Qu'est-ce qu'une première, une seconde, une troisième hypothèque ? — Pourquoi une troisième, ou même une seconde hypothèque, peut-elle ne pas assurer le paiement de la créance ? — L'hypothèque conserve-t-elle toujours sa valeur ? — Combien de sortes d'hypothèques ? — Qu'est-ce que l'hypothèque conventionnelle ? — l'hypothèque judiciaire ? — l'hypothèque légale ? — Qu'est-ce que purger une hypothèque ? — Qu'est-que le stellionnat ?

XXXVI. Des créances privilégiées

241. — On appelle **privilège** un droit que la loi accorde à certains créanciers, *en raison de la nature de la créance,* d'être préférés à tous autres et *d'être payés les premiers,* même avant les créanciers hypothécaires.

242. — Ce droit ne s'exerce pas au sujet d'argent prêté mais au sujet de fournitures, réparations, etc.

243. — Les créances privilégiées sont celles qui suivent et dans l'ordre ci-dessous indiqué :

1o Les *droits de justice* : ce sont les premiers, parce que c'est seulement au moyen de ces frais que les autres créances peuvent être acquittées ;

2o Les *frais funéraires* : la loi n'a pas voulu qu'un citoyen fût exposé à être privé des derniers devoirs, en ôtant à ceux qui sont dans l'intention de les donner l'espoir d'être payés ;

3º Les *frais de la dernière maladie* : pour la même raison que les frais funéraires ;

4º Le *salaire des gens de service* pour l'année échue et ce qui est dû sur l'année courante ;

5º Le *salaire des nourrices* pour les enfants au-dessous de 2 ans ;

6º Les *fournitures de subsistances* faites pendant les six derniers mois par les marchands en détail et pendant la dernière année par les maitres de pension et les marchands en gros ;

7º Les *loyers et fermages des immeubles* sur les fruits et récoltes de l'année et sur les objets garnissant la maison ou la ferme, savoir : pour tout le temps échu et à échoir si le bail a une date certaine, et pour une année à partir de l'expiration de l'année courante si le bail n'a pas de date certaine ;

8º Les *frais de récolte et de semence* sur la récolte elle-même, même par préférence au propriétaire se faisant payer des fermages ;

9º Les *frais faits pour la conservation d'une chose* ;

10º Le *prix d'effets mobiliers non payés*, pourvu que la revendication ait lieu dans la huitaine de la livraison et que le débiteur possède encore ces objets ;

11º Le *prix de vente d'un immeuble sur l'immeuble vendu* ; etc.

Exercice n° 30. — Qu'appelle-t-on privilège accordé à une créance ? — D'où vient ce privilège ? — Quelle est en général la nature des créances privilégiées ? — Enumérez les principales créances privilégiées ? — Pourquoi les frais de justice sont-ils mis au premier rang ? — Pourquoi ensuite les frais funéraires ? — Sur quoi s'exerce le privilège accordé aux loyers et fermages ? — Pourquoi les frais de récolte et de semence sont-ils préférés aux fermages mêmes ? — Comment le paiement d'un objet mobilier non payé est-il privilégié ?

XXXVII. De la prescription

244. — **La prescription** est un *moyen d'acquérir par une possession non interrompue* pendant un certain laps de temps, ou *de se libérer par présomption de paiement et extinction du droit d'actionner* de la part des créanciers. Ainsi je prête 1000 francs à mon voisin ; pendant 30 ans je n'en réclame pas le paiement, je ne puis plus réclamer alors et les 1000 francs sont prescrits, c'est-à-dire *présumés donnés par moi :* mon voisin a acquis par prescription. De même mon épicier m'a vendu des objets à crédit et pendant un an ne m'a rien réclamé : il perd son droit alors, et je suis libéré par prescription, parce que *la loi présume que j'ai payé.*

245. — Les honnêtes gens n'invoquent pas la prescription quand ils savent réellement devoir une chose ou la posséder indûment ; mais la loi a voulu mettre un terme aux vieilles revendications qui seraient parfois difficiles à juger ; et ceux à qui la prescription porte préjudice n'ont à se plaindre que de leur négligence.

246. — Les actions *tant réelles que personnelles* (1) sont prescrites par 30 ans sans même qu'on puisse opposer *la mauvaise foi.*

247. — Après 28 ans un débiteur est forcé de fournir à son créancier un nouveau titre d'une rente qu'il lui fait, car il pourrait détruire les quittances qui sont en sa possession, et prétendre, au bout de 30 ans, qu'il n'a jamais payé de rente et qu'elle se trouve prescrite.

248. — Le salaire des ouvriers, journaliers, etc., se prescrit par six mois ; celui des domestiques loués à l'année par un an. Le paiement des fournitures faites par les marchands à leurs clients, des visites et soins des médecins et des remèdes des pharmaciens, se prescrit

(1) Action *réelle* veut dire relative à une chose, comme la revendication d'un immeuble, et action *personnelle* veut dire action relative à une personne, comme la revendication d'un paiement.

également par un an. Le moyen d'empêcher la prescription est de faire avec le débiteur un **arrêté de compte**.

249. — L'intérêt d'un capital, les loyers et fermages se prescrivent par **cinq ans**.

250. -- Une *chose perdue ou volée* ne se prescrit qu'au bout de *trois ans*, c'est-à-dire qu'on *peut la revendiquer pendant trois ans* dans quelques mains qu'elle se trouve; seulement, quand le possesseur l'a achetée dans une foire ou chez un marchand vendant des choses pareilles, le vrai propriétaire ne peut rentrer en possession de sa chose qu'*en remboursant au détenteur de bonne foi* le *prix qu'elle lui a coûté*.

251. — La responsabilité des architectes et entrepreneurs se prescrit par dix ans.

Exercice n° 37. — Qu'est-ce que la prescription ? — Pourquoi la loi admet-elle la prescription? — Les honnêtes gens se croient-ils libérés de leurs dettes par la prescription ? — Qu'appelez-vous action ?— action réelle? — action personnelle ? — Par combien d'années se prescrivent les actions réelles et personnelles ? — Donnez un exemple. — Peut-on invoquer la mauvaise foi contre les prescriptions trentenaires ? — Qu'est-ce que la mauvaise foi ? — Après combien d'années le débiteur d'une rente est-il forcé de donner un nouveau titre à son créancier ?— Pourquoi ?— Par combien de temps se prescrit le salaire des gens de service à la journée, au mois ? — celui des domestiques à l'année ? — les sommes dues aux marchands ? — aux médecins et pharmaciens ?— Quel est le moyen d'empêcher la prescription ? — Les intérêts d'un capital, et les fermages et loyers se prescrivent par combien d'années ? — Par combien d'années se prescrit une chose perdue ou volée? — Peut-on revendiquer purement et simplement une chose perdue ou volée qui se trouve entre les mains d'un possesseur de bonne foi ? — Pourquoi doit-il être indemnisé du prix qu'il a payé ? — Par combien d'années se prescrit la responsabilité des entrepreneurs et architectes ?

XXXVIII. Des servitudes. — De la mitoyenneté

252. — Un héritage peut être grevé de *charges qui lui sont imposées en faveur de l'héritage d'autrui*, et qui se nomment **servitudes**.

253. — Tout propriétaire peut obliger son voisin au **bornage,** c'est-à-dire à *déterminer par des bornes la ligne de séparation* de leurs propriétés. Le bornage se fait à frais communs.

254. — Tout propriétaire peut **clore** son héritage, *excepté lorsqu'il touche un fonds enclavé* et n'ayant point d'issue ; car le propriétaire de ce fonds peut exiger de son voisin un **passage** *moyennant indemnité.* Ce passage doit être pris du côté où le trajet est le plus court et par l'endroit le moins dommageable du fonds voisin.

255. — Tout mur séparant des bâtiments, cours, jardins, champs est *présumé* **mitoyen** s'il n'y a *titre* ou *marque du contraire.*

256. — Il y a marque de non-mitoyenneté lorsque le sommet du mur *présente un plan incliné pour faire tomber les eaux d'un côté :* alors le mur est censé appartenir au propriétaire du côté duquel s'écoulent les eaux.

257. — Les réparations d'un mur mitoyen sont à la charge de tous ceux qui y ont droit ; et les copropriétaires peuvent faire bâtir contre le mur mitoyen.

258. — Tout propriétaire joignant un mur *peut le rendre mitoyen,* en tout ou en partie, en payant au maître du mur la moitié de la valeur du mur ou de la partie de mur.

259. — *Tout fossé ou toute haie* séparant deux héritages sont *présumés mitoyens* s'il n'y a titre ou marque du contraire.

260. — Il y a *marque de non-mitoyenneté pour un fossé* quand *le rejet de terre se trouve d'un seul côté :* alors le fossé appartient au propriétaire de ce côté.

261. — Il y a *marque de non-mitoyenneté pour une haie* quand elle *enclot un seul des héritages,* ou *quand il y a possession suffisante prouvée par des actes de propriétaire,* tels que la taille, la coupe de la haie, la cueillette des fruits qu'elle produit.

Exercice n° 38. — Qu'est-ce qu'une servitude? — Qu'est-ce que le bornage ? — Peut-on forcer un propriétaire voisin au bornage ? — Qui en supporte les frais ? — Peut-on toujours enclore complètement sa propriété ? — Qu'est-ce qu'un droit de passage? — Par où le passage sur le fonds d'autrui doit-il être établi ? — Qu'est-ce que la mitoyenneté d'une chose ? — Quelles conditions faut-il pour qu'un mur séparant deux héritages ne soit pas réputé mitoyen ? — Qu'est-ce qu'un titre du contraire ? — Quelle est la marque de la non mitoyenneté d'un mur ? — Qui entretient un mur mitoyen ? Peut-on bâtir à l'appui d'un mur mitoyen ? — Comment le propriétaire joignant un mur peut-il le rendre mitoyen ? — Quelle est la marque d'un fossé non mitoyen ? — Quelles sont les marques d'une haie non mitoyenne ?

Exercice n° 38 (bis). — L'élève expliquera, par lettre adressée à un ami qui vient d'acheter un champ, comment il reconnaitra si les fossés, haies ou murs du champ sont mitoyens ou non mitoyens.

XXXIX. Des vues sur la propriété d'autrui

262. — Un *copropriétaire d'un mur mitoyen* ne peut percer dans ce mur *aucune fenêtre ou ouverture,* même à *verre dormant,* à moins de consentement de la part des autres copropriétaires.

263. — Le propriétaire d'*un mur non mitoyen* joignant immédiatement la propriété d'autrui peut pratiquer dans ce mur des fenêtres ou jours *à verre dormant* et *à fer maillé* pourvu que *ces jours soient à 2^m60 au-dessus du sol du rez-de-chaussée,* ou *à 1^m90 au-dessus du plancher des étages supérieurs.* Ces jours sont destinés à éclairer et *non à donner vue* sur la propriété d'autrui.

264. — On ne peut établir de **vues droites** ou **fenêtres d'aspect,** ni **balcons** sur l'héritage d'un voisin, s'il n'y a deux mètres (19 décimètres d'après le code) de distance entre le mur et l'héritage. — On appelle vues droites celles pratiquées dans le mur parallèle à la ligne séparative des héritages

265. — On ne peut avoir de **vues** par côté ou **obliques** sur l'héritage du voisin s'il n'y a 0^m60 de distance.

266. — On ne peut bâtir de manière que l'eau des toits s'écoule sur le terrain du voisin.

Exercice n° 39. — Le copropriétaire d'un mur mitoyen peut-il percer des jours ou fenêtres dans le mur ? — Le propriétaire d'un mur non mitoyen touchant le fonds d'autrui peut-il pratiquer des jours dans ce mur ? — à quelles conditions ? — Peut-il établir des vues droites ? — Peut-il établir des vues obliques ou de côté ? — Un propriétaire peut-il bâtir de manière que l'eau des toits coule sur autrui ?

XL. Des plantations d'arbres près le fonds d'autrui

267. — Nul ne peut planter des *arbres* de **haute tige** près le fonds d'autrui s'il n'y a une distance de *deux mètres* entre le tronc de l'arbre et la ligne séparative des deux héritages.

268. — Nul ne peut planter des **arbustes** ou des **haies vives** qu'à la distance d'un *demi-mètre* du fonds d'autrui : la loi ne veut pas que le voisin soit incommodé par les branches ou les racines des arbres, ou des arbustes et haies, plantés près de son fonds.

269. — Tout voisin peut exiger que les plantations qui ne sont pas à la distance voulue soient arrachées, à moins qu'il n'ait laissé prescrire son droit par trente années.

270. — Celui sur la propriété duquel *avancent les branches* des arbres du voisin, peut contraindre celui-ci à les couper ; si ce sont les *racines qui avancent,* il peut *les couper lui-même.*

271. — Une *haie morte* peut s'établir sur la limite de l'héritage parce qu'elle n'a ni racines, ni branches, qui puissent incommoder le voisin.

Exercice n° 40. — A quelle distance du fonds d'autrui peut-on planter des arbres de haute tige ? — des haies vives ou des arbustes ? — Quel est le droit du voisin relativement à ces arbres et à ces haies ? — Pourquoi la loi a-t-elle exigé ainsi une distance ? — Si des branches s'avancent sur la propriété du voisin quel est son droit ? — Quel est son droit si ce sont les racines ? — Y a-t-il une distance à observer pour l'établissement des haies mortes et des clôtures ? — pourquoi ?

TROISIÈME PARTIE

PROLOGUE :

O Liberté ! c'est les yeux sur ton image que j'ai écrit les leçons qui vont suivre ! Puissent-elles inspirer ton amour aux jeunes âmes à qui elles sont destinées !

Depuis le jour où la voix d'un monarque aussi bon que malheureux t'appela en France pour faire le bonheur de nos pères, bientôt la dernière heure d'un siècle va sonner. Mais, pendant ces cent années, combien d'outrages n'as-tu pas dû subir encore ! Combien de crimes ont été commis en ton nom ! Combien de régimes ont voulu te traiter en esclave plutôt qu'en reine, te soumettre à leurs caprices décorés du nom de lois ! Combien de Français ont pleuré leurs libertés violées ! Combien, malgré les progrès accomplis, gémissent encore aujourd'hui sur leurs droits méconnus !

Il faut que le siècle qui t'a vue sourire à nos essais d'émancipation, voie tous les enfants de la France jouir de tes bienfaits, ô Liberté trois fois chère ! Il faut que l'an 1889, anniversaire d'une date célèbre entre toutes, réunisse tous les Français sous ton étendard !

Puissent ces leçons y contribuer en quelque chose ! Puissent-elles inspirer aux jeunes Français l'esprit de justice, de concorde, de paix, qui seul peut donner à notre chère patrie une prospérité éternelle !

Louis CRÉNAIS.

TROISIÈME PARTIE

(Cours supérieur)

LES DROITS DE L'HOMME EN SOCIÉTÉ

I. Origine et but du pouvoir qui régit la société

1. — L'homme est naturellement fait pour **vivre en société**. Seul, *comment fournirait-il à ses besoins*, à son logement, à ses vêtements, à ses instruments de travail, à sa défense, à sa nourriture même ? En société, il *travaille pour ses semblables* et *ses semblables travaillent pour lui ;* et ainsi il peut vivre, développer ses facultés, et parvenir à sa fin qui est le bonheur.

2. — Dans toute société il faut de **l'ordre ;** et, pour qu'il y ait de l'ordre, il faut une **autorité** *qui garantisse à chacun* ses **droits** (1) et *force*, au besoin, *chacun à remplir* ses **devoirs** (2).

3. — Dans la famille, qui est une société naturelle de l'homme et de la femme, *le père est naturellement désigné* pour exercer l'autorité : car il faut qu'il ait le *droit* de se faire obéir par ses enfants pour qu'il puisse remplir le *devoir* que lui a imposé la nature de les élever, nourrir, corriger, instruire, établir, etc.

---

(1) On appelle *droit* la *faculté d'agir ou de jouir,* conformément à la raison et à la justice : car droit implique toujours l'idée de justice. On n'est pas toujours forcé d'exercer un droit, on peut y renoncer, mais on ne peut en être privé quand il est naturel.

(2) On appelle devoir une *obligation d'agir ou de souffrir,* toujours conformément à la justice. On n'est pas libre de ne pas remplir un devoir : tout devoir est obligatoire.

4. — **Mais dans une société composée de plusieurs familles, dont tous les membres s'unissent pour jouir des avantages sociaux, nul, par nature, ne peut prétendre au droit de régir ses semblables,** si ce n'est celui qui **est choisi par eux pour exercer cette mission;** en d'autres termes, il *n'y a point d'hommes nés pour le commandement, et d'hommes nés pour être commandés :* tous les humains **naissent semblables et égaux.**

5. — **Le choix du peuple** est donc le *seul signe auquel on reconnaît* le représentant de l'autorité.

6. — Celui-ci est choisi pour *garantir* à tous les membres du corps social *le libre exercice de leurs facultés,* et jamais pour *l'entraver ;* il ne peut que *réprimer l'injustice et le désordre,* jamais *empêcher le bien ;* il exerce le pouvoir **non pour ses avantages,** mais **pour les avantages de toute la société ;** il est fait **pour la nation, et non la nation pour lui.**

7. — Le gouvernement *n'a donc pas pour mission d'imposer* aux membres de la société sa façon de penser, ses idées, ses doctrines, ni de substituer ses goûts à leurs goûts, ses règlements à leur initiative, ses intérêts à leurs intérêts, mais de *donner aux individus toute liberté* de penser et d'agir, de communiquer leurs idées, de développer leurs talents, chacun à sa guise, mais toujours dans les limites de la justice et du bien.

Exercice nᵒ 1. — L'homme pourrait-il vivre à l'état isolé ? — pourquoi ? — Comment, en société, peut-il développer ses facultés ? — Quelle est la première condition de toute société ? — Quelle est la garantie de l'ordre dans la société ? — Qu'appelle-t-on droit ? — devoir ? — Quel est le représentant de l'autorité dans la famille ? — A quoi le reconnait-on ? — Dans la société, y a-t-il un représentant de l'autorité désigné par la nature? — Comment les hommes naissent-ils ? — Comment est désigné le représentant de l'autorité ? — Dans quel but l'autorité sur le corps social lui est-elle confiée ? — Est-ce pour que les autres hommes lui soient soumis ? — pour qu'il soit honoré ?—

pour que tout le peuple serve à satisfaire son ambition ou ses goûts personnels ? — Quelle est donc sa mission ?

II. Le Droit de vote ou de suffrage

8. — Le dépositaire de l'autorité étant établi pour l'avantage de *tous les citoyens*, doit *être choisi par tous les citoyens*, sans distinction de rang ni de fortune : c'est ce qu'on appelle le **suffrage universel**.

9. — Le *droit de suffrage est le premier droit* de l'homme en société, puisque tous ses autres droits dépendent de l'acte par lequel il désigne celui qui doit les garantir : en effet, s'il n'a pas le droit de choisir le garant de ses droits, il n'est pas sûr de pouvoir les exercer.

10. — Le citoyen doit donc *tenir à son droit de vote plus qu'à tout autre droit :* celui qui en néglige l'exercice n'est pas digne de la liberté : il ne mérite pas que ses droits lui soient assurés, que ses intérêts soient défendus.

11. — Celui qui *vend son vote* à l'ambitieux est un *lâche ;* celui qui *cherche à acheter* les voix d'autrui est un **criminel !**

12. — Tout vote doit être **libre** : car s'il n'y avait pas liberté il n'y aurait pas choix.

13. — Pour être libre, tout vote doit être **secret** : en effet si le vote était public, nombre de citoyens n'oseraient voter en toute liberté de conscience, l'ouvrier, par exemple, par crainte de déplaire à son patron, le domestique, par crainte de déplaire à son maître, le fonctionnaire, par crainte de froisser le gouvernement ; donc il n'y aurait pas liberté. Donc le vote, pour être libre, doit être secret.

14. — Pour qu'un *citoyen soit capable de bien voter*, il faut qu'il sache *au moins lire et écrire :* car s'il ne sait pas lire le bulletin qu'on lui présente et qu'on l'engage à déposer dans l'urne, ou s'il ne sait pas écrire le nom de l'homme de son choix, il est exposé à la fraude et peut devenir le jouet de gens malhonnêtes. Donc il n'est pas capable de bien voter. Donc *celui qui néglige de s'instruire* **n'est pas digne de la liberté !**

Exercice n° 2. — Par qui le dépositaire de l'autorité doit-il être choisi ? — pourquoi ? — Qu'est-ce que le suffrage universel ? — Quel est le premier droit de l'homme en société ? — Pourquoi ce premier droit est-il le droit de suffrage ? — Que pensez-vous de celui qui néglige ce droit ? — de celui qui vend son vote ? — de celui qui cherche à l'acheter ? — Pourquoi pensez-vous ainsi ? — Quelles sont les conditions du suffrage ? — Pourquoi le vote doit-il être libre ? — Pourquoi doit-il être secret ? — Qu'arriverait-il si le vote était public ? — Quelle qualité faut-il au citoyen pour pouvoir bien voter ? — pourquoi ? — Quelle conclusion doit-on en tirer ?

III. Nature et conditions du pouvoir

15. — Le peuple peut nommer le dépositaire de l'autorité pour **un temps déterminé** ou pour **un temps indéfini.**

16. — Quand le *temps est déterminé*, il doit être *assez long pour qu'il y ait suite dans le gouvernement* de la nation, et *assez court pour que la génération qui choisit le souverain n'engage pas les générations fr 'ures*, car, en règle générale, *une génération ne peut engager qu'elle-même :* **les droits du peuple sont inaliénables.**

16 *(bis).* — Mais malheur au peuple qui donne au pouvoir *une durée éphémère*, en le soumettant à des élections incessantes ; car ces élections *ôtent toute suite au gouvernement, ouvrent la porte à toutes les ambitions ;* soumettent le pays à *des agitations perpétuelles*, enlèvent aux dépositaires du pouvoir toute liberté d'action.

17. — Si le dépositaire de l'autorité n'est pas réélu au bout de son mandat, *il redevient simple citoyen ;* et s'il essayait de garder le pouvoir malgré la volonté du peuple, il ferait un crime appelé **coup d'état.** Il y a aussi coup d'état quand quelqu'un *s'empare du pouvoir par ruse ou par force*, sans consultation de la volonté populaire. Le peuple *devrait être* **sévère pour ce crime.**

18. — Quand *la durée* du pouvoir *n'est pas définie*, le souverain exerce l'autorité *tant qu'elle ne lui est pas retirée* (1) : il peut arriver même qu'il la transmette à sa postérité par **voie héréditaire**, comme cela s'est pratiqué longtemps en France. Mais ce régime est dangereux pour les nations, car les souverains héréditaires sont portés à oublier leur origine, à se croire faits pour commander, à se regarder comme des êtres supérieurs pour qui les peuples sont créés ; et la conséquence de ces idées est qu'ils cherchent à se maintenir par tous les moyens, même par la force, croient devoir défendre leurs prétendus droits, et asservissent ceux qu'ils appellent leurs sujets. *Le bonheur de la société est donc en péril avec un gouvernement héréditaire.*

19. — Quelle que soit la *durée* d'un gouvernement, les **droits du peuple sont imprescriptibles.**

20. — Quand le peuple *choisit un seul homme* pour exercer l'autorité, il constitue une **monarchie** ; quand il charge plusieurs députés de régir les intérêts communs, il établit une **république.**

21. — Mais quel que soit le choix du peuple, *sa volonté doit être obéie;* **respect au suffrage national !** Nul n'a le droit de l'invalider. — Si quelqu'un se faisait élire par *séduction, pression,* ou *corruption,* il appartiendrait aux tribunaux de juger le délit, et de prononcer, s'il y avait lieu, la nullité de l'élection ; mais *jamais l'invalidation du choix du peuple* ne doit être admise *de la part du pouvoir existant* qui a trop intérêt à se maintenir contre les nouveaux élus, *ni même de la part de la majorité des élus* qui peuvent avoir intérêt à se débarrasser d'une minorité gênante : **nul ne peut être juge dans sa propre cause.**

22. — L'acte par lequel le peuple établit un mode de gouvernement se nomme **constitution.**

(1) Heureux le peuple qui ne sent pas le besoin de changer de gouvernement !
car c'est un signe que ce peuple est bien gouverné et bien gouvernable !

Exercice n° 3. — Quelle est la durée des pouvoirs du dépositaire de l'autorité ? — Cette durée doit-elle être brève ? — pourquoi? — Peut-elle longue? — Peut-elle être indéfinie ? — Le pouvoir peut-il être héréditaire ? — Que pensez-vous du pouvoir héréditaire? — Que veulent dire ces mots : Les droits du peuple sont imprescriptibles ? — A qui le peuple peut-il confier le pouvoir ? — Qu'est-ce que la monarchie ? — Qu'est-ce que la république? — Qui a le droit d'invalider le choix du peuple? — Quand il y a fraude ou corruption dans l'élection, qui doit juger ces délits? — Pourquoi le pouvoir existant ne doit-il pas être juge? — Pourquoi les élus eux-mêmes ne sont-ils pas compétents pour juger le suffrage populaire? — Comment s'appelle l'acte par lequel le peuple établit un gouvernement?

IV. Le pouvoir législatif et le pouvoir exécutif

23. — Les pouvoirs confiés à celui ou ceux qui ont mission de gouverner sont de deux sortes : le **pouvoir législatif** et le **pouvoir exécutif,** c'est-à-dire le pouvoir de *décréter les lois,* et le pouvoir de les *faire exécuter.*

24. — Ces deux pouvoirs peuvent être dans les mêmes mains ou dans des mains différentes; dans ce dernier cas on dit qu'il y a **séparation des pouvoirs.**

25. — Là où, malgré la séparation des pouvoirs, *l'exécutif veut s'immiscer dans le législatif,* en proposant des lois, ou en s'opposant à celles que le législatif veut faire, il y a **confusion des pouvoirs ;** et cette confusion est nuisible au bon gouvernement de la société. Car, si l'exécutif ne réussit pas à faire adopter ses idées, il se trouve humilié, il se retire ; et comme il ne manque pas d'ambitieux prêts à prendre sa place, ceux-ci s'empressent de lui faire échec pour amener sa retraite, et de là des revirements incessants dans l'administration ; si, au contraire, l'exécutif réussit à faire adopter ses projets, ce n'est souvent qu'en achetant les voix des législateurs au prix des honneurs et des places qu'il leur livre en pâture. Dans tous les cas cette confusion ne peut qu'engendrer le trouble. Se figure-t-on, en effet, l'exécutif voulant morigéner le législatif et lui disant : Tu

iras jusqu'ici, mais pas plus loin ! Que deviennent les droits de la nation devant cette opposition ridicule ? Que le pouvoir exécutif remplisse ses fonctions pendant le temps qui lui est assigné, sauf à se démettre si la gravité des mesures à exécuter blesse sa conscience, soit : mais jamais **l'exécutif ne doit faire partie du législatif, pas plus que le législatif ne doit faire partie de l'exécutif.**

25 (*bis*). — En cas de séparation des pouvoirs, le pouvoir exécutif est inférieur au législatif dont il est une émanation ; et son rôle se borne à faire exécuter purement et simplement les lois sans les discuter ; et si les lois lui paraissent nuisibles au bien public ou injustes, et qu'il ne veuille pas s'en faire l'instrument, il n'a qu'une chose à faire : *se démettre de ses fonctions.*

26. — Le pouvoir exécutif *ne peut être supposé héréditaire, dans l'hypothèse de la séparation des pouvoirs,* car il faudrait pour cela supposer qu'il fût entre les mains d'hommes sans dignité et sans conscience, prêts à exécuter toute loi bonne ou mauvaise, et à mettre sous leurs pieds leurs propres convictions : ce qui serait indigne d'un honnête homme, ayant conscience de sa responsabilité.

27. — Le représentant du pouvoir exécutif *est responsable vis-à-vis du législatif* de la manière dont il conforme ses actes aux lois. Il peut être mis en jugement et condamné, s'il y a lieu, par le pouvoir législatif, suivant des règles fixées par toute sage constitution.

28. — Le *pouvoir exécutif ne peut engager le pays* en quoi que ce soit : tous ses actes doivent être faits en exécution d'une loi, et ses conventions, traités, etc., n'ont de valeur qu'après approbation du pouvoir législatif.

Exercice n° 4. — Comment se divisent les pouvoirs confiés au gouvernement ? — Qu'est-ce que la séparation des pouvoirs ? — L'exécutif peut-il s'immiscer dans le législatif ? — Pourquoi ? —

Qu'arrive-t-il alors ? — Lequel est le premier du pouvoir législatif ou du pouvoir exécutif ? — Quel est le rôle du pouvoir exécutif ? — Peut-il discuter les lois ? — Que doit-il faire s'il trouve une loi injuste ou nuisible à la nation ? — Le pouvoir exécutif peut-il être héréditaire ? — dans quel cas ? — Envers qui est-il responsable ? — Peut-il engager le pays sans l'assentiment du pouvoir législatif ?

V. La Loi

29. — Le pouvoir législatif fait les **lois.**

30. — La *loi* est **l'expression de la justice,** et *non,* comme l'on a dit, *de la volonté populaire.* En effet, ce n'est pas la volonté populaire qui fait qu'une chose est juste ou injuste, bonne ou mauvaise; ce n'est pas la volonté populaire qui donne les droits de posséder, de s'associer, de penser, parler, enseigner, travailler, etc. ; ce n'est pas la volonté populaire qui décide que le crime doit être puni et la vertu honorée sinon récompensée : c'est l'auteur de toutes choses qui a établi des **règles éternelles de justice** que tout homme connaît parce qu'elles sont gravées dans sa conscience. Ce sont *ces règles* qui forment **la base de la loi.** Les législateurs doivent s'y conformer autant que possible, et ne s'inspirer, dans leurs règlements, que de la justice et du bien de la société. *Les législateurs légifèrent donc au nom de la justice éternelle,* et sont **les mandataires moins du peuple que du droit.**

31. — Toutefois, *le législateur devant faire toutes les lois pour l'avantage de la société,* et non pour le sien propre, a *l'obligation de suivre les vœux du peuple toutes les fois que ces vœux ne sont pas évidemment contraires au droit;* car ce que veut toute une nation est ordinairement bon pour elle ; et elle a le droit de poser ses justes conditions à celui ou ceux à qui elle confie l'autorité.

32. — Si la nation confiait le pouvoir à quelqu'un avec mandat de faire des choses évidemment injustes, celui-ci devrait refuser la mission qui lui serait offerte : **le**

mandat impératif est *aussi contraire à la dignité humaine qu'à la justice*, et quiconque accepte l'autorité ne peut le faire qu'à la condition, au moins implicite, d'en remplir les fonctions suivant sa conscience.

33. — Les lois faites par un seul homme, à moins que ce ne soit un génie, sont plus exposées à être défectueuses que celles faites par une réunion de législateurs, parce qu'un homme isolé est plus soumis aux influences d'intérêt particulier qu'une assemblée qui représente et voit mieux l'intérêt général.

34. — La loi **doit être la même pour tous**, et le législateur doit y être soumis comme le dernier des citoyens.

Exercice n° 5. — Qu'est-ce que la loi ? — Pourquoi la loi n'est-elle pas basée sur la volonté du peuple ? — Quelle est la vraie base de la loi ? — Le législateur ne doit-il pas suivre autant que possible la volonté générale ? — pourquoi ? — à quelle condition? — Qu'est-ce que le mandat impératif ? — A quoi est-il contraire? — pourquoi ? — Quelle est la condition implicite de toute acceptation du pouvoir ? — Les lois faites par plusieurs législateurs sont-elles préférables aux lois faites par un seul ? — pourquoi ? — La loi doit-elle être la même pour tous ?

VI. Les infractions à la loi. — Les tribunaux

35. — Toute **infraction à la loi** *doit être punie et réprimée.*

36. — Mais *nulle infraction à la loi ne doit être punie sans avoir été* **constatée, appréciée et jugée** *par des tribunaux* composés d'hommes sages, instruits, et **indépendants** aussi bien du souverain que du peuple. Pour avoir cette indépendance, il faut qu'ils soient **inamovibles**, c'est-à-dire qu'une fois nommés ils ne puissent être révoqués ; car s'ils pouvaient l'être ils seraient tentés de rendre des services plutôt que des arrêts, et les gouvernements pourraient baser sur eux leur tyrannie.

37. — Les tribunaux indépendants doivent être **compétents** *pour juger les actes du législateur ou souverain*

comme ceux des simples citoyens, autrement la loi ne serait pas égale pour tous. Donc *point de ces tribunaux de conflit* nommés par un pouvoir ennemi de la liberté, dans lesquels les gouvernements se font juger et toujours absoudre par des créatures qu'ils ont choisies ; point de ces exemples d'un gouvernement se retrenchant *derrière un arrêté d'incompétence*, et violant ouvertement la justice et les droits des citoyens malgré les décisions des tribunaux réguliers. *La loi égale pour tous ! Tous égaux devant la loi !* Il est par trop étrange, en effet, que le législateur qui fait une loi pour les autres ne la trouve pas bonne pour lui ! que le pouvoir qui établit des juges pour juger les autres ne veuille pas, pour lui-même, en accepter les décisions !

38. — L'homme étant sujet à l'erreur, il peut arriver qu'une loi soit injuste. Dans ce cas, à moins qu'elle ne soit trop évidemment tyrannique, les citoyens doivent s'y soumettre, *mais en réclamer énergiquement l'abrogation.*

39. — **On reconnaît qu'une loi est injuste** *quand elle est contraire aux droits naturels de l'homme* qui se résument en ces trois mots : **liberté, égalité, fraternité.**

Exercice n° 6. — Que mérite l'infraction à la loi ? — Qu'est-ce qui doit précéder la punition ? — pourquoi ? — A qui doivent être confiés l'appréciation et le jugement des infractions aux lois ? — Pourquoi les juges doivent-ils être inamovibles ? — Pourquoi leur compétence doit-elle s'étendre à tous ? — Qu'appelle-t-on tribunaux de conflit ? — Que pensez-vous de ces tribunaux, et des arrêtés d'incompétence derrière lesquels se retranchent les gouvernements ? — Peut-il arriver qu'une loi soit injuste ? — Que doivent faire les citoyens contre une loi injuste ? — A quoi reconnaît-on qu'une loi est injuste ?

VII. Le droit de vie. — La peine de mort

40. — *Au-dessus de la liberté est la vie.*

41. — **L'homme n'est pas le maître de sa vie,** *car il ne se l'est pas donnée :* il ne peut donc pas se l'ôter. Il ne peut pas non plus l'ôter aux autres.

42. — La vie étant le premier bien de l'homme et le fondement de tous les autres, le *premier but de l'association politique doit être*, pour les associés, *la garantie de l'existence* ou de la vie contre ceux qui voudraient la leur enlever.

43. — La *seule répresssion juste et efficace du meurtre* est la **peine de mort** : *Quiconque a donné la mort doit être puni de mort* ! En vain l'on m'apitoie sur les angoisses du misérable condamné à la peine capitale : moi, je ne veux voir que les tortures de l'innocente victime poignardée, noyée, brûlée par l'assassin. De nos jours, on veut attendrir les juges et les bourreaux sur les coupables : eh ! que ne commence-t-on par attendrir les coupables sur le sort de leurs victimes ? On dit que l'homme n'a, en aucun cas, droit sur la vie de l'homme ; je réponds : Que les assassins commencent par mettre ce principe en pratique ! Admettrez-vous que les assassins pourront enlever la vie aux innocents et que la société ne pourra l'enlever aux coupables ?

44. — La peine de mort doit être appliquée sans barbarie et avec le moins de cruauté possible : toute torture préalable ressemblerait à une vengeance et non à un châtiment.

45. — Le **droit de faire grâce** aux condamnés à mort est presque dans tous les pays *l'apanage du souverain*. Mais ce droit doit être exercé avec circonspection et mesure, dans des cas déterminés. Il serait scandaleux, en effet, de voir le dépositaire du pouvoir, qui a confié aux tribunaux le jugement des coupables, annuler les décisions de ces mêmes tribunaux, grâcier ceux qu'ils ont condamnés, rendre vaine la plus grave des sanctions pénales, faire affront à la justice dans ses arrêts les plus sacrés, soumettre aux caprices d'un homme la loi la plus terrible : celle qui ôte la vie.

Exercice n° 7. — Quel est le premier bien de l'homme ? — Pourquoi la vie est-elle le premier bien ? — L'homme a-t-il droit sur sa vie ? — sur celle des autres ? — pourquoi ? — Quel est le premier but de l'association politique et le premier devoir du souverain ? — Quelle doit être la peine de l'assassinat ou meurtre ? — Que pensez-vous de la pitié qu'on veut inspirer aux juges pour les meurtriers ? — Qu'appelez-vous droit de grâce ? — A qui appartient ce droit ? — Doit-il être appliqué d'une façon générale ? — pourquoi ? — Comment la peine de mort doit-elle être appliquée aux coupables ?

VIII. La liberté individuelle. — L'esclavage

46. — *Après la vie* la **liberté,** ou plutôt **avec la vie la liberté !** *car mieux vaut la mort que la vie sans la liberté !*

47. — L'homme, en effet, n'est pas un être déterminé à certains actes par la nature ; ce n'est pas une chose qui se travaille, se déplace, se meut par des agents extérieurs ; mais c'est un être *ayant en soi le principe de ses actions qu'on appelle la volonté,* et *qu'il dirige à son gré dans un sens ou dans l'autre :* bref c'est **un être libre !**

48. — La liberté de l'homme en société **n'a de limites que le mal et les droits d'autrui :** *l'homme n'est jamais libre de faire le mal,* même quand ce mal ne se rapporte qu'à lui-même ; s'il le fait, c'est par un abus de sa liberté ; *il n'est pas libre non plus d'attenter aux droits d'autrui.*

49. — Puisque la liberté est naturelle à l'homme, et que le but de l'association politique est la garantie des droits naturels, le gouvernement constitué sur la société doit garantir à tout citoyen sa liberté ; il ne peut y porter atteinte que lorsqu'elle sort de ses limites, pour aller blesser les droits d'autrui.

50. — La liberté de la personne ou de l'individu se nomme **liberté individuelle.**

51. — Quand l'homme est privé de sa liberté personnelle, soumis à son semblable et traité par lui comme une chose inconsciente ; quand il est séparé de son conjoint ou de ses enfants, contraint à travailler par force,

acheté et vendu comme une bête de somme, il est réduit en **esclavage**.

52. — Dans les temps passés, des nations entières, vaincues à la guerre, étaient réduites en esclavage et condamnées aux plus durs travaux : qu'on se rappelle les Hébreux esclaves en Égypte construisant les Pyramides, et obligés, par plus d'injustice encore, à faire périr tous leurs enfants mâles ! Les Grecs et les Romains avaient leurs esclaves qui seuls cultivaient la terre ; ils crevaient les yeux à ces malheureux pour leur faire tourner la roue des moulins ! Qui dira les souffrances de tant d'êtres ayant un cœur d'homme, et traités au mépris de leurs sentiments les plus vifs et les plus sacrés ? Il y a dix-neuf siècles, un homme extraordinaire, le Christ, s'est levé de la Judée et a fait entendre à la terre le cri de l'émancipation : « Ne faites pas à autrui ce que vous ne voudriez pas qu'on vous fît ! » Il a déclaré que tous les hommes sont frères, et les hommes, depuis lui, répètent chaque jour : « Notre Père qui êtes dans les cieux ! » Sa doctrine est la condamnation de l'esclavage ; et, depuis sainte Bathilde jusqu'à saint Vincent de Paul, ses disciples l'ont toujours combattu : aussi l'esclavage a disparu graduellement des pays chrétiens. A la fin du siècle dernier, il n'existait plus que dans les colonies lointaines où les noirs étaient soumis aux blancs. C'est la gloire de notre France d'avoir, la première, proclamé, pour tous ses colons, le droit à la liberté. Les autres pays ont imité notre exemple : l'Amérique elle-même vient d'abolir l'esclavage si enraciné chez elle ; et cette violation de la nature n'existe plus que dans certaines contrées de l'Afrique où se fait encore l'odieux trafic de la **traite des noirs**.

Exercice n° 8. — Quel est le bien le plus précieux après la vie ? — Qu'est-ce que la liberté ? — Pourquoi l'homme est-il libre, à la différence des choses et des animaux ? — Quelles sont les limites de la liberté humaine ? — Quel est le devoir du gouvernement vis-à-vis de la liberté des citoyens ? — Qu'est-ce que la liberté individuelle ? — Comment s'appelle la privation de cette liberté ? — Expliquez en quoi consiste l'esclavage et faites en l'historique. — Qu'est-ce que la traite des noirs.

IX. La privation pénale de la liberté

53. — Puisque la liberté est essentielle à l'homme, **nul ne peut être privé de sa liberté que pour peine d'en avoir abusé.**

54. — On a dit : *Nul ne peut être privé de sa liberté si ce n'est dans les cas déterminés par la loi.* C'est une formule inexacte, bonne dans la bouche des tyrans. **Défiez-vous de ceux qui mettent la loi au-dessus de la liberté !** Car si une loi établissait, comme on l'a vu jadis, l'esclavage pour les prisonniers faits à la guerre ou pour les noirs au profit des blancs ; si une loi donnait au gouvernement le droit d'emprisonner ses adversaires politiques, sans jugement, que diriez-vous de cette loi ? Donc il faut proclamer bien haut que *la privation de la liberté ne peut être que la peine d'en avoir abusé, et cette peine doit être* **proportionnée à l'abus.**

55. — La *privation de liberté pour peine* ne peut avoir lieu que dans **les cas prévus par la loi,** et *après jugement des magistrats* interprètes de la loi : **toute arrestation arbitraire** est coupable et doit être réprimée par le représentant de l'autorité. Donc le souverain, loin de pouvoir arrêter, emprisonner arbitrairement les citoyens, a l'obligation de faire respecter la liberté individuellement de tous et de chacun.

56. — Dans toute société bien organisée, *l'individu peut donc se mouvoir librement* à l'abri d'un pouvoir protecteur et non persécuteur : il peut exercer *tous ses actes* d'homme, sauf à répondre de leur abus.

Exercice n° 9. — Dans quel cas l'homme peut-il être privé de sa liberté ? — Le législateur peut-il faire des lois à sa guise pour priver les citoyens de leur liberté ? — Quel doit être le degré de privation de la liberté ? — pourquoi ? — Dans quel cas doit avoir lieu la privation de liberté et sur l'ordre de qui ? — Le souverain peut-il de lui-même priver quelqu'un de sa liberté ? — Quel est son devoir en cette matière ? — Quelle est la situation de l'individu dans toute société bien organisée ?

X. La liberté du travail

57. — Parmi les actes de l'homme se trouvent les *actes du corps*, ou l'usage des membres dans le but d'acquérir les choses nécessaires ou simplement utiles à l'existence, comme la nourriture, les vêtements, le logement, etc.. C'est ce qu'on appelle le **trave''**.

58. — Les animaux vienne... au monde avec des vêtements naturels et y trouvent une nourriture préparée ; l'homme est jeté nu sur la terre, et doit tout se procurer à la lueur de ce flambeau divin qu'il apporte en lui et qu'on nomme intelligence. Il lui a été dit à son origine : Tu mangeras ton pain à la sueur de ton front ! et depuis ce jour il n'a rien obtenu de la nature qu'il ne lui ait arraché avec effort. L'*homme est donc obligé de travailler pour vivre*, et s'il apporte cette obligation en naissant, il apporte en même temps *le droit au travail*. L'État doit donc lui garantir ce droit, lui laisser ouverte la carrière de l'émulation, de la concurrence, du progrès. La *seule intervention de l'État* en cette matière est celle qui aurait pour but de *maintenir l'ordre* parmi les travailleurs.

59. — Le travailleur peut *travailler isolément* ou *s'associer*, *travailler pour son compte* ou *pour le compte d'autrui* après libre engagement et moyennant salaire. Quand le travailleur ne trouve pas son salaire suffisant, il peut renoncer à travailler pour celui qui le paye, il peut se mettre en **grève** jusqu'à ce que celui qui a besoin d'ouvriers, forcé par la nécessité, offre une rémunération plus convenable. En tout cela le gouvernement n'a rien à voir, si ce n'est pour empêcher les violences et les désordres qui pourraient se produire.

60. — Donc *la liberté du travail est un droit de l'homme*, et quiconque y porte atteinte devient criminel. Donc *point d'associations forcées* ou **corporations**, comme il en existait autrefois en France; *point de réglementations gênantes* pour l'établissement des métiers, point d'obstacles au développement des talents du travailleur. Ce n'est pas à dire que les travailleurs ne doivent pas s'associer; au contraire, ce qu'un travailleur ne saurait faire, une société le fera; mais cette *association doit être libre*. C'est pourquoi les corporations du temps passé, nées du bon principe de l'association dans un but de défense mutuelle, devinrent injustes en ce qu'elles ne respectèrent pas la liberté, demandèrent au gouvernement le privilège d'exercer seules tel ou tel métier, à l'exclusion de ceux qui n'étaient pas admis dans la corporation. Et Dieu sait quelles conditions il fallait pour y être admis : de manière que le travailleur n'exerçait pas la profession qu'il voulait ni comme il voulait. Et parce que tout mauvais arbre produit de mauvais fruits, l'injustice des lois ne produisait que stagnation dans l'industrie et misère. Les procès entre les corporations étaient continuels ; les meilleures inventions étaient étouffées. C'est la gloire de la Révolution française d'avoir rendu la liberté aux travailleurs. Aussi depuis moins d'un siècle l'industrie a fait plus de progrès qu'elle n'en faisait jadis en mille ans.

Exercice n° 10. — Qu'est-ce que le travail ? — L'homme est-il obligé de travailler ? — pourquoi ? — Quelle est la conséquence de cette obligation? — Quel est le devoir du gouvernement relatif au travail ? — Comment le travailleur peut-il travailler ? — Qu'appelle-t-on grève ? — Que peut et doit faire le gouvernement en cas de grève ? — L'association entre les travailleurs est-elle bonne et utile ? — à quelle condition ? — Qu'appelait-on autrefois corporations ? — Quelle en fut l'origine ? — Quel en était le défaut ? — Quelles étaient les conséquences du manque du liberté ? — Qui a rendu la liberté aux travailleurs ? — Qu'a produit la liberté du travail depuis un siècle ?

Exercice n° 10 bis. — L'élève fera l'historique des corporations (devoir d'histoire, d'après les explications du maître).

XI. La liberté de posséder ou le droit de propriété

61. — Le travail **transforme** la matière : par lui *ce qui était inutile devient utile*, ce qui *était sans valeur*, *acquiert un grand prix.* A qui *appartient l'objet transformé*, à moi qui ai peiné à sa transformation, ou à mon voisin qui a dormi pendant mon travail? Répondez enfants ! Évidemment, si la **transformation est mon œuvre,** et si **cette transformation est l'utilité, la valeur de l'objet,** cet objet est à **moi** et non à celui qui n'y a pas touché.

62. — Cette relation entre le produit et le producteur est ce qu'on appelle la **propriété.** C'est le *droit du travailleur sur son œuvre,* et, par extension, *sur ce qu'il a acquis en échange de ses œuvres,* qu'elles soient *en nature* ou *représentées par de la monnaie.* Ainsi je transforme du bois en meuble, je vends ce meuble, et, avec la monnaie que j'en reçois, j'achète un instrument, un habit : cet instrument, cet habit sont ma propriété; ou bien encore, avec la monnaie représentant mon œuvre, *j'achète le travail d'autrui que je fais appliquer à la transformation d'une matière quelconque* : dans ce cas le produit du travail est à moi, non à celui qui l'a fait matériellement, parce qu'il n'a été qu'instrument, et que c'est moi qui suis cause principale de l'œuvre par l'argent que j'ai donné à l'ouvrier.

63. — *Avoir la propriété* d'une chose, ou *la posséder,* c'est avoir le droit d'en *jouir,* à l'exclusion d'autrui, et d'en *disposer à son gré, user* et *abuser.*

64. — Puisque la propriété est un droit naturel du producteur sur son œuvre, qu'il *l'ait faite* ou *fait faire,* le représentant de l'autorité dans tout corps social doit *protéger la propriété.* Quiconque y porte atteinte doit être puni. Et le gouvernement serait plus coupable encore que tout autre, si, au lieu de protéger le propriétaire, il le dépossédait. *Toute loi confisquant les biens des citoyens, chassant les propriétaires de leurs immeubles, leur en enlevant la jouissance, serait donc une loi tyrannique et injuste :* quiconque en favoriserait l'exécution deviendrait criminel.

65. — Le droit de propriété étant le *droit de disposer*, entraîne comme conséquence celui de *donner et transmettre;* et alors celui qui a reçu la propriété d'une chose par donation ou héritage doit jouir des mêmes droits que le premier propriétaire (1). Ainsi s'explique la légitimité des propriétés acquises par donation ou succession.

Exercice n° 11. — Quelle est l'origine ou la source de la propriété ? — Comment le travail engendre t-il la propriété ? — N'y a-t-il pas des choses qu'on possède sans les avoir travaillées ? — Qu'est-ce que la monnaie ? — Qu'est-ce qu'avoir la propriété d'une chose? — Quelle est la conséquence du droit de disposer ? — Expliquez la légitimité des propriétés acquises par donation ou succession ? — Quel est le devoir du gouvernement relativement à la propriété ? — Que serait une loi confisquant les biens des citoyens ou leur en enlevant la jouissance ?

XII. L'inviolabilité de la propriété et du domicile

66. — Parce que nul n'a le droit de porter atteinte à la propriété d'autrui, on dit que la propriété est **inviolable.**

67. — Lorsqu'une contravention, un délit, ou un crime ont été commis sur une propriété, le pouvoir n'a pas pour cela le droit de confisquer la propriété, d'en enlever l'usage aux citoyens, mais seulement de réquérir contre le délit ou le crime les peines édictées par la loi.

68. — Toute *confiscation est injuste et nulle.*

69. — Cependant la loi peut décréter : 1° que les citoyens seront contraints, s'il le faut, à fournir une

---

(1) En effet, si le donataire ou l'héritier n'avaient pas les droits de propriété sur la chose donnée ou héritée, il n'y aurait pas donation ou héritage ; ce serait une contradiction dans les termes, puisque donation et héritage signifient *transmission de propriété.*

partie de leurs biens pour contribuer aux charges du gouvernement; 2º qu'en cas de délit ou de contravention, ils pourront être condamnés à l'amende et forcés, au besoin, à la payer; 3º que les biens des propriétaires pourront être saisis pour payer leurs dettes; 4º que les citoyens pourront etre **expropriés**, moyennant préalable et juste indemnité, pour cause d'utilité publique; 5º que, dans certains cas, par exemple lorsqu'un homme a des enfants ou des ascendants, il ne pourra disposer de la totalité de ses biens, parce que sa famille a certains droits à sa fortune, et qu'il n'est pas naturel de le voir préférer des étrangers à ses parents. — Dans tous ces cas *la loi interprète le droit de propriété*, mais ne *le viole pas.*

70. — Mais s'il est une *propriété chère au cœur de l'homme, une propriété qui doive être* **sacrée et inviolable**, c'est celle où l'homme cache les actes intimes de sa vie, où il devient époux et père, où il dérobe à l'œil jaloux ses joies et ses douleurs, où il espère et prie, où il naît et souhaite de mourir, *c'est le foyer domestique, c'est la maison, c'est le domicile!* Nul n'a le droit d'y jeter les yeux, encore moins d'y pénétrer, de le violer, si ce n'est pour arrêter un coupable tombant sous le coup des lois. Et encore c'est aux seuls magistrats, indépendants interprètes de la loi, qu'il appartient de décider la violation du domicile, jamais à l'État. Ciel! que deviendrions-nous si l'État pouvait envoyer ses agents et ses espions jusque dans le sanctuaire de la famille?

Exercice nº 12. — Qu'entendez-vous quand vous dites que la propriété est inviolable ? — Un propriétaire peut-il être dépossédé parce qu'il a enfreint la loi sur sa propriété? — Que pensez-vous de la confiscation ? — Quels sont les cas où le propriétaire peut être dépossédé de toute ou partie de sa propriété ? — Dites pourquoi, dans ces cas, la propriété n'est pas violée ? — Quelle est, de toutes les propriétés, la plus respectable ? — pourquoi ? — Qui peut y pénétrer ? — dans quel cas ? Le gouvernement a-t-il le droit d'y envoyer ses agents ?

XIII. La liberté de conscience. — Importance des actes religieux

71. — L'homme n'a pas seulement un corps, il a aussi une âme ou intelligence; et si ses actes corporels doivent êtres libres, à plus forte raison doivent l'être ses actes intellectuels, car c'est l'âme intelligente qui est la source de la liberté dans l'homme.

72. — Les actes les plus importants de l'âme sont les *actes religieux*, et la *liberté de ces actes s'appelle* **liberté de conscience.**

73. — Il est un Dieu ! Les mondes qui peuplent le ciel sont les lettres majestueuses avec lesquelles il a écrit : « Je suis ! » Malheur à qui ne voit pas son infinie puissance dans l'immensité de l'univers, sa sagesse dans l'ordre qui y règne, sa bonté dans tout ce qu'il a fait pour nous.

74. — Cet Être qui se révèle à nous par la grandeur de ses œuvres a droit à notre admiration, à la reconnaissance de son pouvoir, de sa sagesse et de sa bonté : cette reconnaissance, cette admiration de la part de la créature intelligente, constituent ce qu'on appelle **culte** ou **religion.**

75. — Donc *tout homme doit à Dieu un culte.* Et n'allons pas dire que Dieu est trop grand pour s'occuper de nos hommages, qu'il n'a pas besoin de nos prières pour nous donner ce dont nous avons besoin : est-il un seul père qui consentît à appliquer cette doctrine à ses enfants? Car un père sait mieux qu'eux-mêmes les besoins de ses enfants, et cependant si ceux-ci avaient l'orgueil de ne jamais lui rien demander, de ne jamais le remercier quand il donne, quel oubli des convenances, diriez-vous, et quelle ingratitude !

Exercice n° 13. — Pourquoi les actes intellectuels de l'homme doivent-ils être libres ? — Quel est le premier des actes intellectuels ? — Qu'appelle-t-on liberté de conscience ? — Y a-t-il un Dieu? — pourquoi ? — La créature intelligente a-t-elle des devoirs envers lui ? — Comment s'appellent ces devoirs ? — Ces devoirs sont-ils nécessaires ou facultatifs ? — Montrez, par un exemple, que l'homme ne peut se dispenser de rendre hommage à la divinité.

XIV. Du droit de choisir et professer une religion

76. — Les *manières d'honorer Dieu ont toujours été et sont encore fort diverses.* Chaque peuple a pour ainsi dire son culte; et ces cultes sont souvent contradictoires. Ici l'on adore Dieu dans son Christ; là on se fait gloire d'être les fils de ceux qui l'ont crucifié; ailleurs, c'est par Mahomet qu'on honore l'Être suprème; plus loin on suit la loi de Bouddha; certains peuples offrent à la divinité l'holocoste de leurs passions, du vol, de l'amour, etc.; d'autres proscrivent, au nom de Dieu, ces choses comme immorales et prêchent la mortification des sens. *De toutes ces manières d'honorer Dieu* **laquelle est la bonne?**

77. — *Nul homme sensé ne peut dire : « Toutes les religions sont bonnes!* » car le oui et le non peuvent-ils plaire également à Dieu? Peut-il voir du même œil la mortification des sens et les jouissances déshonnêtes, les cruels sacrifices humains et la douce offrande du pain et du vin que lui présentent les chrétiens dans un sublime mystère? Et s'il a pris la peine d'envoyer des prophètes, que dis-je? d'envoyer son propre fils aux hommes, pour leur apprendre son véritable culte, peut-il agréer également les hommages de ceux qui l'ont crucifié ou le crucifient de cœur, et de ceux qui l'aiment et l'adorent? Non, le pour et le contre ne peuvent plaire également à Dieu; non, *toutes les religions ne sont pas bonnes.* Mieux vaudrait dire qu'elles sont toutes indifférentes et partant toutes fausses. Aussi les hommes qui disent qu'elles sont toutes bonnes n'en professent ordinairement aucune.

78. — *Si toutes les religions ne sont pas bonnes, s'il n'y en a qu'une véritable,* l'homme a le **devoir de la chercher**, et, quand il croit l'avoir trouvée, **celui de l'embrasser.** *L'homme n'est pas libre de délaisser la vérité pour l'erreur,* de fermer ses yeux, quand luit le soleil, pour dire aux ténèbres : « Vous êtes mon refuge et mon espoir! » Vous figurez-vous un homme reconnaissant la supériorité d'une religion et ne l'embrassant pas? découvrant la fausseté de la sienne et ne l'abandonnant pas? Ce serait *plus qu'un impie, ce serait un fou.*

79. — Mais si *l'homme a le devoir de rechercher la vraie religion et de l'embrasser, à plus forte raison il en* **a le droit :** car que signifierait ce *devoir naturel* sans le *droit de l'exercer?* Donc le droit d'avoir un culte, de le choisir, de le changer si on en découvre la fausseté, est un droit naturel de l'homme, et ce *droit est l'un de ceux que doit garantir le gouvernement de la société.*

80. — Si l'homme a le droit de choisir librement sa religion, *nul ne peut* **imposer** *une croyance ou un culte à autrui!* Quiconque l'essaierait attenterait à la liberté la plus sacrée! Mais quiconque voudrait **enlever** *à autrui ses croyances,* serait plus coupable encore!

81. — Quiconque hait son frère parce qu'il n'a pas le même culte que lui, hait la liberté! Quiconque outrage les croyances de son frère mérite que les siennes soient outragées!

82 — Le respect pour les croyances d'autrui n'exclut pas le droit de les discuter : au contraire la discussion publique est une condition de la liberté, puisque du choc des idées jaillit la lumière qui permet aux hommes de mieux choisir : mais qu'on se souvienne que *blasphémer, injurier, se moquer n'est pas discuter.*

83. — Le respect pour les croyances d'autrui *n'exclut pas le droit de propager les siennes propres,* et de *s'efforcer d'éclairer les âmes* qu'on croit dans l'erreur : aussi doit-on laisser toute liberté aux missionnaires qui vont faire connaître leur religion à ceux qui l'ignorent.

Exercice n° 14. — Tous les hommes ont-ils la même manière d'honorer Dieu ? — Quels sont les cultes que vous connaissez ? — Toutes ces religions peuvent-elles être bonnes ? — pourquoi ? S'il y a une bonne manière d'honorer Dieu, et d'autres fausses, quel devoir en découle pour l'homme ? — Peut-il préférer l'erreur à la vérité ? — Le devoir de rechercher et embrasser la vraie religion n'a-t-il pas pour conséquence un droit ? — Si l'homme a le droit de choisir une religion, peut-on lui imposer un culte ou une croyance ? — Peut-on lui interdire un culte ? — Que pensez-vous des hommes qui haïssent ceux dont les idées religieuses diffèrent des leurs ? — des hommes qui outragent et cherchent à détruire les croyances d'autrui ? — Est-il permis de discuter les croyances d'autrui ? — de quelle manière ? — Cette discussion est-elle utile ? — Est-il permis de chercher à éclairer autrui sur la religion ?

XV. L'État n'a pas le droit de reconnaître et d'imposer certains cultes

84. — La *liberté en matière religieuse étant un droit naturel*, le gouvernement, qui n'a d'autre but que de sauvegarder les droits naturels des citoyens, *doit protéger cette liberté et jamais l'entraver*.

85. — L'État *n'a pas le droit* de **reconnaître** et d'**imposer** certains cultes préférablement à d'autres. Car qu'est-ce que l'État ? les hommes qui gouvernent, ou l'ensemble de la société ? Mais si, par État, on entend les hommes qui gouvernent, de quel droit prétendent-ils imposer leur culte aux autres citoyens ? Leur intelligence est-elle supérieure ? Ont-ils plus de moyens de connaître la vérité ? Moi, je crois qu'ils ont plus d'intérêt à la cacher pour mieux asseoir leur puissance, et je n'admets pas qu'on décrète la vérité comme on rédige une loi. Faut-il que trente millions de citoyens soient catholiques parce que le gouvernement est catholique, protestants parce qu'il est protestant, athées parce qu'il est athée ? Quelle négation de l'intelligence et de la

4***

liberté ! Quelle négation de la religion elle-même ? — Maintenant voulez-vous entendre par État l'ensemble de la société ? Mais alors l'ensemble de la société décidera-t-il quel est le véritable culte après discussion et amendements comme pour une loi parlementaire ? Et la manière d'adorer Dieu dépendra-t-elle du vote de la majorité ? Que deviennent l'intelligence et la liberté dans un pareil système ? Que devient la religion elle-même, qui doit, pour plaire à Dieu, partir d'un cœur libre et aimant ?

86. — Mais, dira-t-on, le gouvernement doit donc être athée ? — Je réponds : L'État est-il athée, qui garantit à chacun la liberté d'adorer et servir Dieu ? N'est-il pas, au contraire, souverainement religieux ?

87. — Mais si l'État laisse toute liberté aux citoyens, il s'en trouvera qui mettront Dieu de côté, prétendront ne pas y croire, et professeront l'athéisme ? L'État tolèrera-t-il l'athéisme ? Et s'il le tolère, ne sera-t-il pas athée ? — Je réponds que l'État *peut et même doit favoriser les croyances religieuses*, parce qu'il doit favoriser le bien, mais *jamais les imposer : nul ne peut être forcé à croire*, toute croyance forcée n'est pas une croyance et ne saurait satisfaire la divinité.

Exercice n° 15. — Pourquoi le gouvernement doit-il protéger la liberté de conscience ? — Pourquoi ne peut-il imposer une religion aux citoyens ? — Que doit être une religion pour plaire à Dieu ? — Le gouvernement est-il athée, parce qu'il ne reconnaît pas une religion d'État ? — Le gouvernement peut-il persécuter les athées ou hommes sans religion ? — pourquoi ? — N'a-t-il pas cependant un devoir vis-à-vis de la religion ?

XVI. L'État ne doit pas payer les cultes (1)

88. — Si l'État n'a pas le droit d'imposer les croyances religieuses, il *n'a pas celui de nommer, payer, diriger*

(1) Il s'agit ici d'une question de droit, c'est-à-dire de ce qui doit être, et non de la question de fait, c'est-à-dire de ce qui peut exister chez telle ou telle nation : car évidemment là où l'État s'est emparé des ressources des cultes avec engagement de subvenir à leurs besoins, l'État *doit payer* puisqu'il s'y est obligé : mais la position est fausse aussi bien pour l'État que pour les cultes, et ne peut être que temporaire ; ses inconvénients doivent en amener un jour ou l'autre le changement.

ceux qui enseignent la religion et administrent les choses saintes, autrement dit les prêtres ou ministres des cultes.

89. — Il n'a pas le droit de les payer, car avec quoi les paierait-il sinon avec l'argent de la nation ? Mais on verrait alors l'argent du juif donné au chrétien pour qu'il l'appelle déicide, celui du chrétien donné au juif pour qu'il nie Jésus-Christ, ou mahométan pour qu'il prêche la haine et la guerre aux infidèles chrétiens ! Quel outrage aux croyances ! Quelle prétention impie ! Car si l'État paie dix croyances contraires, c'est qu'il ne voit dans ces religions que des instruments politiques, et qu'il n'a pour elles qu'une égale indifférence et un égal dédain.

90. — Puis, si l'État paye les ministres des cultes, il sera toujours porté à les traiter en fonctionnaires, à leur imposer silence quand leur langage ne favorisera point sa politique ou sa tyrannie. Quelle humiliation pour la religion ! Ainsi la liberté sera en péril, et parce que l'État aura attenté à la liberté, les dissensions s'élèveront entre les citoyens : **le désordre est enfant de l'injustice.**

91. — C'est donc aux partisans d'un culte à soutenir ce culte, à payer leurs prêtres, à fonder leurs églises : l'État n'a rien à voir en cela si ce n'est pour les protéger dans l'exercice de leurs droits. Que dire donc des gouvernements qui n'admettent pas de temples ouverts sans leur autorisation, qui les ferment par violence et dispersent les fidèles qui y sont rassemblés ?

92. — Les gouvernements despotiques prétendent justifier leur conduite par une raison d'ordre, en disant que si tout citoyen avait le droit d'ouvrir un temple, le premier imposteur venu pourrait fonder une religion nouvelle et semer le trouble dans la société.

93. — Mais *qui dit au gouvernement que l'apôtre d'une nouvelle religion est un imposteur ?* Et si par hasard c'était un de ces hommes sublimes que le ciel ne donne

qu'une fois à la terre, comme fut le Christ il y a dix-neuf siècles, faudrait-il le voir obligé de se faire autoriser par l'État pour enseigner, sous peine d'être persécuté, condamné, mis à mort même ? N'est-ce pas la justification de toutes les tyrannies, de toutes les persécutions religieuses qui ont ensanglanté le monde ? Donc l'État n'a pas à juger la valeur des doctrines religieuses : son droit se borne à empêcher les novateurs d'attenter *par violence ou par ruse* à la liberté de conscience d'autrui.

Exercice n° 16. — L'État a-t-il le droit de nommer, payer, diriger les ministres des cultes ? — Pourquoi ne doit-il pas les payer ? — Quelle serait la situation des religions dans le système du paiement par l'État ? — L'État a-t-il droit d'empêcher les citoyens de bâtir et d'ouvrir un temple ? — A-t-il droit contre les fondateurs de religion ? — Peut-il juger la valeur des doctrines religieuses ? — A quoi se réduit son droit ? — Quelle serait la conséquence du droit de juger les doctrines accordé à l'Etat ?

XVII. L'État doit respecter la liberté des cultes

94. — Les gouvernements despotiques prétendent au *droit d'autoriser, surveiller, interdire les cultes,* sous prétexte d'empêcher les partisans de ces cultes de former une espèce de gouvernement occulte et indépendant, un État dans l'État. Mais la raison est mauvaise, car elle confond le spirituel et le temporel ; et les sociétés religieuses ne formeront point un État dans l'État si les pouvoirs constitués savent les soumettre aux lois temporelles de droit commun, s'ils punissent des peines fixées par la loi toute excitation à l'insubordination et au mépris de l'autorité. Mais de ce que les gouvernements ont le droit naturel et indéniable de réprimer les abus de liberté, faut-il en conclure qu'ils aient le droit de supprimer la liberté elle-même ? De ce que l'homme peut abuser de ses membres, faut-il en conclure que le

gouvernement peut à l'avance enchaîner les citoyens ? Qu'il punisse les abus, qu'il respecte la liberté !

95. — D'ailleurs si la liberté religieuse était respectée par ceux qui gouvernent, quel intérêt auraient les sociétés religieuses à attaquer le pouvoir qui serait leur protecteur et leur ami ? Voyez ce qui arrive : l'État veut s'ingérer là où il n'a pas droit; il blesse les consciences, restreint la liberté de servir Dieu au lieu de la protéger ; les citoyens se plaignent et l'État crie à l'insubordination. Ainsi l'abîme appelle l'abîme : l'injustice enfante les dissensions civiles, tandis que **la justice est mère de la paix.** Richelieu, pour soumettre aux lois communes les protestants, rase leurs villes, mais leur laisse la liberté de conscience : il donne à la France un demi-siècle de tranquillité ; Louis XIV viole la liberté religieuse, en révoquant l'édit de Nantes : la guerre civile et la guerre étrangère éclatent, le sang coule, et le royaume est troublé.

Exercice n° 17. — Quel prétexte invoquent les gouvernements pour s'ingérer dans les affaires religieuses? — A quelles lois tous les citoyens doivent-ils être soumis ? — D'ailleurs, quelle différence entre la répression des abus de liberté et la suppression de la liberté elle-même ? — Quel est le meilleur moyen que le gouvernement puisse employer pour être respecté par les sociétés religieuses ? — Citez des exemples du respect du droit produisant la paix, et de la violation du droit produisant les troubles civils.

XVIII. L'État n'a pas le droit de mettre obstacle aux croyances et aux pratiques religieuses

96. — Les gouvernements *tombent dans un autre excès* quand, sous prétexte de donner plus de liberté aux consciences, *ils veulent isoler les citoyens de toute influence religieuse,* en proscrivant les cultes de l'école, de l'hospice, de la prison, de la caserne, bref de l'administration entière. Pareils à ces conquérants d'autrefois qui

croyaient avoir mis la paix là où leurs ravages avaient fait régner la solitude (1), ils prétendent établir la liberté là où ils font régner le néant.

97. — Mais si l'homme a le devoir et partant le droit de rechercher la vérité, de l'embrasser quand il l'a trouvée, de conformer ses pratiques religieuses à ses croyances, de quel droit le gouvernement vient-il s'interposer entre la conscience et Dieu, entre l'intelligence et la vérité? Comment le citoyen pourra-t-il choisir librement son culte, si l'État lui enlève les moyens de l'étudier ?

98. — On dit qu'il faut respecter l'âme neuve et ingénue de l'enfant; qu'il faut le mettre à l'abri, dans un âge où il ne peut raisonner encore, d'influences dont il aurait peine à se débarrasser plus tard : *quand il sera grand, dit-on, il choisira librement un culte.* Mais inconséquents avec eux-mêmes, ceux qui raisonnent ainsi n'osent appliquer leur théorie au choix d'un métier ou d'une position sociale ; ils n'attendent pas que l'enfant ait sa raison entière pour garnir son esprit de toutes sortes de sciences humaines, plier ses membres à tel ou tel travail, le mettre en état de profiter des découvertes et des progrès faits par nos pères. Et, pour la religion seule, l'enfant ne devrait rien apprendre d'autrui, être obligé de reconstruire tout seul l'édifice de ses croyances, fouiller le passé, choisir, discerner, sans être aidé par personne, et cela dans un âge où il n'en aurait plus le loisir ! Est-ce raisonnable ? Et cela peut-il s'expliquer autrement que par la haine de toute religion?

99. — L'État *outrepasse donc ses droits quand il proscrit l'enseignement religieux de l'école, et interdit toute pratique de religion dans les hospices, prisons et administrations publiques.* Il n'a pas plus le droit d'entraver les

____

(1) Ces paroles sont de Tacite, historien romain : « Ubi solitudinem faciunt, pacem appellant ».

manifestations ou l'exercice des cultes qu'il n'a celui de
les imposer.

100. — C'est aux *parents seuls* qu'il appartient d'initier
les enfants aux croyances religieuses. Nul ne peut se
substituer à eux, parce qu'*eux seuls sont portés naturellement à vouloir le bien de leurs enfants et à ne pas les trom-
per*, tandis que d'autres pourraient les influencer pour
des motifs peu avouables, des raisons politiques, etc.

101. — L'*État*, dans ses écoles, *doit donc* **suivre le
vœu des parents** *en ce qui concerne l'instruction religieuse des enfants.*

Exercice n° 18. — L'État a-il droit d'isoler les citoyens de
toute influence religieuse ? — pourquoi ? — L'enfant doit-il être
soustrait à l'influence religieuse ? — Montrez l'inconséquence de
cette théorie. — Cet isolement donnerait-il réellement à l'enfant
plus de liberté et plus de facilité pour choisir une religion ? —
Quelle doit être la conduite du gouvernement en cette matière ?
— A qui appartient-il d'initier les enfants aux choses religieuses ?
— Pourquoi ce droit appartient-il aux seuls parents ? — Quelle
est la conséquence de ce droit pour l'enseignement religieux
dans les écoles publiques ?

XIX. L'État n'a pas le droit d'interdire les manifestations extérieures des cultes

102. — L'État *méconnaît encore ses droits et viole ceux
des citoyens* quand il **interdit les manifestations extérieures du culte,** sous prétexte qu'elles causent des
troubles entre les partisans des diverses religions.

103. — En effet, si le citoyen n'a pas le droit d'outra-
ger la religion du citoyen, de la traiter de superstition,
de fanatisme, etc., et s'il doit la respecter comme il veut
qu'on respecte la sienne, à plus forte raison, *il n'a pas
le droit d'attaquer violemment* ceux qui ne prient pas
Dieu à sa manière; et s'il le fait, les pouvoirs publics
doivent l'en empêcher. C'est *celui qui outrage* un citoyen
pratiquant sa religion *qui doit être puni*, et non le citoyen

usant simplement de ses droits. Et peut-on comprendre qu'un gouvernement soit assez oublieux de la justice pour priver des citoyens de leur liberté, parce que des intolérants, des sectaires ont troublé l'ordre en attaquant cette liberté? Pouvoirs despotiques, gardez vos sévérités pour les perturbateurs, les insulteurs, les libérâtres : respectez et faites respecter ceux qui ne font qu'user de leur droit de prier !

104. — Et pourquoi serait-il interdit de prier publiquement? Quel prétexte pourrait invoquer l'État pour justifier cette défense? L'ordre public? Mais l'ordre ne veut-il pas que chacun soit libre d'exercer ses droits? Invoquera-t-on l'obligation de ne pas offusquer ceux qui n'ont aucune religion? Mais, athées, ennemis de la liberté, si vous n'avez de foi à religion aucune, que vous fait la prière d'autrui? Ne doit-elle pas vous être indifférente? Comment peut-elle vous blesser? D'ailleurs que signifie cette prétention d'être offusqué par un droit naturel d'autrui? N'est-ce pas de l'intolérance? Et cette intolérance ne mérite-t-elle pas répression plutôt qu'approbation?

Exercice n° 19. — L'État peut-il interdire les manifestations extérieures du culte, dans le but d'éviter les troubles ? — Qu'exige l'ordre bien compris ? — Lesquels sont dans le droit, des manifestants ou de ceux qui les attaquent ? — Lesquels doivent être punis ? — Que pensez-vous de ceux qui se plaignent d'être offusqués par les cérémonies religieuses ? — Le gouvernement doit-il écouter ces plaintes et interdire les actes publics de religion ?

XX. La paix religieuse par la liberté

105. — Enfants, soyez jaloux de la liberté de vos croyances; soyez-en fiers et faites-la respecter !

106. — Si vous n'avez pas de religion personnelle, *respectez celle des autres comme vous respecteriez leur plus cher trésor :* point de moquerie, de sarcasmes, d'outrages mais une discussion franche et honnête, s'il y a lieu.

107. — Ah! quand viendra ce jour trois fois béni où la justice et la liberté seront vénérées comme elles méritent l'être! jour heureux où les citoyens respecteront les droits des citoyens, où le frère se découvrira respectueusement devant la manifestation du culte de son frère, sinon par respect pour ce culte qu'il pourra croire faux, du moins par respect pour les droits d'autrui! Alors la religion ne sera plus une cause de sanglantes querelles; les partisans des divers cultes se rencontreront paisiblement dans les rues de nos villes, et élèveront côte à côte temples, mosquées et synagogues; les gouvernements borneront leur rôle à protéger la liberté et le ciel sourira à la terre, parce que les hommes, cherchant la vérité avec un cœur droit, auront *substitué à la haine l'amour* qui est le principe de toute religion suivant la parole divine : **Vous aimerez Dieu par dessus toutes choses et le prochain comme vous-même!** (Evangile.)

Exercice n° 20. — Quelle idée doit-on avoir de la liberté de conscience ? — Que doit faire celui qui n'a pas de religion personnelle ? — Que faut-il espérer de l'avenir par rapport à la liberté ? — Comment se comporteront alors entre eux les partisans des divers cultes ? — Que feront les gouvernements ? — En quoi les hommes se conformeront-ils au principe fondamental de la religion ?

XXI. La liberté de parler et d'enseigner

108. — *La parole* a été donné à l'homme *pour communiquer ses idées à ses semblables.* C'est le lien de la société, c'est le véhicule par lequel se transmettent les connaissances, les sciences, les découvertes et tout le bagage intellectuel de l'humanité.

109. — Puisque la parole est le lien social, l'homme *a le droit de parler librement en société*, et le gouvernement doit lui garantir ce droit.

110. — La transmission des idées par la parole s'appelle **enseignement**. Il y a deux sortes d'enseignement : **l'enseignement oral** et **l'enseignement écrit**.

111. — La *liberté d'enseigner oralement* est désignée aujourd'hui sous le nom de **liberté d'enseignement**, et la liberté d'*enseigner par écrit* s'appelle la **liberté de la presse**

112. — Tout homme ayant le droit naturel de parler, et toute parole étant *la transmission d'une idée ou un enseignement,* **la liberté d'enseignement est naturelle.**

113. — La loi doit protéger la liberté d'enseignement, non l'entraver ; elle ne peut en cette matière comme en toute autre, interdire que ce qui est nuisible. (Déclarations des droits de l'homme, art. 5.)

114. — La loi ne peut donc empêcher un citoyen d'enseigner sous prétexte qu'il n'a pas un degré déterminé de savoir, qu'il n'a pas fait des preuves de science, obtenu des brevets : car *pourquoi celui qui sait peu serait-il privé du droit de transmettre le peu qu'il sait ?* Pourquoi celui, par exemple, qui ne sait que lire serait-il empêché d'enseigner la lecture! Son action est-elle nuisible? Si elle ne l'est pas, si elle est utile, pourquoi l'interdire ?

115. — La loi ne peut empêcher un citoyen d'enseigner sous prétexte qu'il est affilié à une religion déterminée, car la loi n'a rien à voir dans les doctrines religieuses, et la liberté de communiquer ces doctrines est naturelle.

Exercice n° 21. — Qu'est-ce que la parole ? — Pourquoi a-t-elle été donnée à l'homme ? — Démontrez son importance. — L'homme a-t-il le droit de parler librement ? — Comment s'appelle la transmission des idées par la parole ? — Combien de sortes d'enseignement? — Comment s'appelle l'enseignement écrit ? — La liberté d'enseignement est-elle naturelle ? — Quels sont les devoirs du législateur relativement à cette liberté ? — Quelles limites peut-il lui fixer ? — Pourquoi la loi ne peut-elle

priver quelqu'un du droit d'enseigner pour la raison qu'il n'est
pas savant? — pour la raison qu'il est partisan d'une religion
déterminée ?

XXII. L'école libre

116. — La loi *viole un des droits naturels de l'homme*
quand *elle empêche les citoyens d'ouvrir des écoles et d'y
enseigner ce qu'ils savent;* car en faisant cela, l'individu
se rend utile à ses semblables et use de son droit de
parole et d'enseignement. — Toutefois la loi peut et
même doit veiller à ce que le local, où un citoyen voudrait réunir des enfants, soit conforme aux règles de
l'hygiène et de la salubrité publique.

117. — Bien loin d'*empêcher*, le gouvernement *doit au
contraire encourager* l'ouverture des écoles destinées à
instruire le peuple; et là où l'initiative privée fait défaut
il *doit pourvoir à l'établissemeut d'écoles publiques*, nationales, dites écoles de l'État : car c'est un des devoirs les
plus graves du législateur de veiller à ce que le peuple
puisse facilement s'instruire.

118. — Mais quoique l'État doive pourvoir à l'instruction du peuple, il *ne peut cependant se réserver* **le monopole de l'enseignement**, c'est-à-dire le *droit exclusif
d'enseigner*, par l'intermédiaire d'hommes chargés de cet
office. En effet, si l'État avait le monopole de l'enseignement, il n'y aurait à pouvoir enseigner que les individus
autorisés à le faire en son nom, et les autres citoyens
ne pourraient tenir école : or tout homme a le droit
naturel de communiquer ses connaissances ; et l'exercice
de ce droit constitue un acte non nuisible, que dis-je?
extrêmement utile, que la loi, par conséquent, ne peut
empêcher. Donc le monopole de l'enseignement serait
contraire aux droits naturels des individus. Donc toute
tentative dans ce sens serait tyrannique et injuste. Se
figure-t-on, en effet, un gouvernement distribuant à son
caprice la nourriture intellectuelle aux citoyens, diri-

geant les esprits, les façonnant à son image, enseignant
ce qu'il lui plaît d'enseigner, cachant ce qu'il lui plaît
de cacher? Quel esclavage des âmes! quel mépris des
droits de l'esprit humain !

119. — Le gouvernement *méconnaît encore sa mission*
quand il *fait concurrence* aux écoles fondées par les particuliers, les associations, les communes ; quand il leur
distribue la liberté avec parcimonie, les entoure de
réglementations gênantes ; quand il élève à grands frais,
à côté d'elles, des écoles d'État où il impose ses maîtres
et ses programmes, abusant des ressources de la contribution publique, pour étendre son influence sur les individus, et forçant ceux qui tiennent à la liberté à payer
deux fois, d'abord pour soutenir l'école imposée, ensuite
pour soutenir celle de leur choix : *que le gouvernement
se souvienne* **qu'il n'est pas établi pour faire concurrence à la liberté des citoyens, mais pour la protéger** ! que la nation n'est pas faite pour subir son influence
et ses caprices, mais qu'il est fait pour garantir les
droits légitimes de tous les citoyens ! En vain il objecte
qu'il représente la majorité de la nation, et suit les
vœux de cette majorité en donnant à l'enseignement de
l'État une influence prépondérante : on doit répondre
que les droits de l'homme sont individuels, et qu'*une
majorité ne peut ravir à un citoyen, fût-il seul contre tous,
les droits qu'ils tient de la nature.* La majorité ne peut
donner ni enlever un droit, car le droit est antérieur et
supérieur à elle.

Exercice n° 22. — La loi peut-elle empêcher les citoyens
d'ouvrir des écoles et d'y enseigner ? — pourquoi ? — Quelles
conditions peut-elle y mettre ? — Au lieu de mettre des obstacles
à l'ouverture des écoles, que devrait faire le gouvernement ? —
Qu'appelle-t-on monopole ? — L'État peut-il avoir le monopole
de l'enseignement ? — pourquoi? — A quel esclavage aboutirait
ce monopole ? — Qu'appelle-t-on écoles nationales ou publiques?
— Dans quel cas l'État a-t-il le devoir de fonder des écoles ?
A-t-il le droit de faire concurrence aux écoles libres ? —

Que pensez-vous de cette concurrence sous le rapport de la liberté ? — sous le rapport financier ? — Quelle règle doit suivre le gouvernement en matière de fondations d'écoles ?

XXIII. Brevets, diplômes et grades

120. — *L'État a le droit d'exiger* des maîtres appelés à diriger les écoles publiques nationales *qu'ils fassent preuve de science* et produisent des *diplômes ou brevets de capacité* : c'est le moyen d'assurer un bon enseignement. Mais *il ne peut soumettre à la condition du brevet les maîtres privés* sous peine de porter atteinte à la liberté d'enseignement, puisque celui qui sait peu a le droit d'enseigner ce peu.

121. — Les gouvernements ennemis de la liberté ont parfois voulu interdire l'enseignement aux citoyens non diplômés, sous prétexte d'égalité, disant que les maîtres privés, s'ils n'étaient assujettis aux diplômes, seraient dans une condition meilleure que les maîtres publics. Fallacieux prétexte d'ingérence tyrannique ! Comment ose-t-on dire que des écoles dirigées par des maîtres non brevetés seraient dans une condition meilleure que celles dirigées par des maîtres pourvus de brevets ! Ne seraient-elles pas, au contraire, dans une situation bien inférieure? Et l'État n'aurait-il pas toutes les chances de voir les citoyens préférer, aux écoles libres tenues par des maîtres d'une instruction douteuse, ses écoles publiques dirigées par des maîtres savants? Ou bien, si les maîtres non brevetés donnent un aussi bon enseignement que les maîtres brevetés, alors pourquoi imposer des diplômes?

122. — D'ailleurs la question de liberté prime tout le reste : *tout homme a le droit d'enseigner et partant de tenir école,* voilà le principe auquel la loi doit se conformer. Cela n'enlève pas aux fondateurs d'écoles, État ou particuliers, le droit d'exiger des preuves de capacité de ceux qu'ils veulent mettre à la tête de leurs écoles; car chacun a toujours le droit de préférer, lorsqu'il fait bâtir, un architecte à un maçon ; mais de ce que les architectes sont préférables aux maçons, faut-il enlever à ces derniers le droit de construire ?

123. — L'État a le droit de ne reconnaître valables, *pour l'admission aux emplois publics*, que les *brevets, diplômes et grades* délivrés par des hommes jugés par lui capables de les décerner : car il est naturel qu'il demande des preuves de savoir à ses fonctionnaires ; mais il violerait la liberté s'il empêchait les maîtres libres de donner à leurs élèves des *certifi·ats ou titres de capacité dont le public ferait le cas qu'il voudrait.*

Exercice nº 23. — L'État peut-il exiger des maîtres publics qu'ils fassent preuve de science par des brevets ou diplômes ? pourquoi ? — Peut-il soumettre à cette condition les maîtres privés ? — pourquoi ? — Que pensez-vous du prétexte d'égalité sur lequel s'appuient les gouvernements tyranniques pour imposer des brevets à tous les citoyens enseignants? — Quelle est la règle en cette matière ? — L'État a-t-il le droit de ne reconnaître valables pour l'admission aux emplois publics que les brevets ou diplômes qu'il a délivrés ? — pourquoi ? — Peut-il interdire aux maîtres libres de décerner à leurs élèves des titres de capacité ? — pourquoi ?

XXIV. L'enseignement obligatoire, gratuit et laïque.

124. — La loi *peut, et même doit quand c'est nécessaire,* rendre **l'instruction obligatoire**, c'est-à-dire forcer tous les citoyens à se faire instruire et à faire instruire leurs enfants. En effet, l'instruction est à l'âme ce que la nourriture est au corps ; or les parents qui refuseraient la nourriture corporelle à leurs enfants seraient punissables et susceptibles d'être contraints à meilleure conduite. Donc s'ils ne donnent pas l'instruction à leurs enfants, ils méritent être punis et contraints à remplir leur devoir. *Donc la loi peut décréter l'instruction obligatoire.*

125. — Si la loi rend l'instruction obligatoire, elle doit aussi la rendre **gratuite** pour tous ceux qui ne peuvent en payer les frais : car comment rendre obligatoire l'acquisition d'une chose qui ne serait pas accessible à tous? Ce serait une injustice et une tyrannie pour les pauvres. Mais la *loi est plus sage* quand elle fait payer les frais de l'instruction à ceux qui le peuvent sans gêne, que lorsqu'elle établit l'instruction gratuite pour tous sans distinction : car la *gratuité est un vain mot*, et il faut toujours que l'instruction se paye, soit par ceux qui la reçoivent, soit par tous les citoyens au moyen d'impôts établis à cet effet : or ce dernier système qui est celui de la gratuité pour tous, outre l'inconvénient de désintéresser les parents de l'instruction de leurs enfants, a celui de faire payer l'instruction par les pauvres comme par les riches, alors que les pauvres ne devraient rien payer.

126. — Si la loi peut rendre l'instruction obligatoire, *elle n'a pas le droit de rendre l'enseignement de l'État obligatoire*, c'est-à-dire tel enseignement, telles écoles, tels maîtres, car ce serait l'esclavage moral, l'asservissement des âmes au gouvernement qui aurait ainsi le moyen le plus puissant de plier le peuple à son joug. Tout citoyen a donc le droit de se faire instruire par qui il veut, et comme il veut.

127. — La loi blesse donc le droit et la justice, *soit quand elle impose aux citoyens un enseignement confessionnel déterminé*, car elle n'a pas compétence en cette matière, soit quand elle impose un enseignement exclusivement **laïque**, c'est-à-dire d'où toute religion est exclue, car le législateur n'a pas le droit de mettre obstacle à la communication des idées religieuses, ni de se placer entre l'homme et Dieu. C'est aux citoy   c'est *aux parents pour leurs enfants*, à décider s'ils veu   t, oui ou non, s'instruire des choses religieuses. Donc la loi, pour être juste, doit suivre le vœu des citoyens en

cette matière, et, dans les écoles de l'État, n'*imposer la religion ni la proscrire*. La loi a le devoir d'*être neutre* en matière d'obligation ou de prohibition : les citoyens ont le devoir et le droit de n'*être pas neutres* en face de la vérité.

Exercice n° 24. — La loi peut-elle rendre l'instruction obligatoire pour tous les citoyens ? — pourquoi ? — Comment la gratuité est-elle une conséquence de l'obligation ? — La gratuité doit-elle s'étendre à tous, riches comme pauvres ? — Pourquoi la gratuité appliquée aux pauvres seuls est-elle la plus juste ? — La loi peut-elle rendre obligatoire l'enseignement de l'État ? — pourquoi ? — La loi peut-elle imposer un enseignement confessionnel ? — pourquoi ? — un enseignement laïque ? — pourquoi ? — Qui doit décider si les citoyens recevront ou non l'instruction religieuse dans les écoles ? — Dans quel sens la loi doit-elle être neutre ? — Les citoyens peuvent-ils être neutres en face de la vérité ?

XXV. La liberté de la presse

128. — **La liberté de la presse** est la liberté de *communiquer ses idées par le moyen de l'impression* qui les reproduit.

129. — La parole parlée n'a qu'un cercle très restreint ; la parole écrite et reproduite par l'impression acquiert une portée bien autrement considérable, car elle peut se communiquer à l'univers entier : du coin de son cabinet, l'écrivain peut enseigner le monde !

130. — L'homme *a le droit de répandre ses idées écrites*, comme il a le droit de parler, car l'écrit n'est que la parole fixée sur le papier.

131. — La loi, qui doit protéger toutes les libertés naturelles, doit donc protéger la liberté de la presse ; elle *n'en peut réprimer que les abus*.

132. — Les *abus de la liberté de la presse* sont faciles à déterminer et à placer sous le coup de la loi : ce sont les écrits **immoraux**, les écrits **diffamatoires et injurieux**, les écrits blessant les citoyens dans leurs croyances par moquerie, blasphème, injures, etc., les écrits **poussant à la révolte** et **à la subversion de la société**; et, en règle générale, *tout écrit attaquant un droit quelconque d'autrui.*

133. — Tout abus de la liberté de la presse, comme toute infraction aux lois, *ne peut être réprimé directement par le gouvernement*, mais doit *être déféré aux tribunaux, pour être jugé* et frappé d'une peine proportionnelle à l'abus.

134. — Le gouvernement *n'a pas le droit de restreindre la liberté de la presse, sous prétexte de prévenir les abus,* pas plus qu'il ne pourrait enchaîner les citoyens à l'avance, afin de les empêcher d'abuser de leurs membres pour tuer et voler.

Exercice n° 25. — Qu'est-ce que la liberté de la presse ? — En quoi diffère-t-elle de la liberté de la parole ? — Pourquoi la presse doit-elle être libre ? — Quel est le rôle du législateur en face de la presse ? — Quels sont les abus de la liberté de la presse ? — Quel est le devoir du gouvernement relativement à ces abus ? — Peut-il les réprimer par lui-même ? — Pourquoi doit-il les déférer aux tribunaux ? — Peut-il soumettre la liberté de la presse à des restrictions préventives — pourquoi ?

XXVI. Liberté et licence en matière de presse

135. — La *liberté de la presse*, à cause de son importance, est le **droit le plus précieux** des citoyens : c'est pour ainsi dire la base et la garantie des autres libertés. C'est par la presse, en effet, que les citoyens se soutiennent les uns les autres, que les abus de l'autorité sont signalés à l'opinion publique, que les attentats contre les faibles et les petits sont publiquement flétris, que les réformes dans le gouvernement et les lois sont réclamées. Qu'un citoyen soit privé du moindre de ses droits, qu'il soit lésé dans ses intérêts ou dans sa conscience, qu'une école soit supprimée, un temple fermé, qu'un magistrat abuse de son pouvoir : aussitôt le cri

s'en fait entendre aux quatre vents du ciel, et l'opinion publique en prépare la réparation.

136. — Mais **liberté n'est pas licence !** car la liberté, c'est le mouvement libre dans le bien, et la licence, c'est la liberté sortie de ses limites pour aller jusqu'au mal. Or, autant la liberté de la presse est précieuse, autant la licence en cette matière est à redouter ; car si la presse est puissante pour répandre le bien elle n'a pas moins de force pour répandre le mal. Si donc le législateur ne sait pas distinguer le bien du mal, encourager l'un et réprimer l'autre ; s'il laisse l'immoralité se produire, l'injure, le blasphème, l'insubordination se répandre au moyen de la presse parmi les citoyens, c'est le désordre qui s'introduit et la décadence qui se prépare : car *autant la liberté élève les nations, autant la licence les dégrade et les ruine !*

137. — O enfants ! que de fois, en vous donnant les moyens de jouir des bienfaits de la presse, je vous ai plaints d'être exposés, par l'incurie du législateur, au plus terrible empoisonnement moral ! Car aujourd'hui la vente des substances vénéneuses pour le corps est réglementée avec sagesse, mais le poison intellectuel s'étale librement à la vitrine des libraires, ou circule sans obstacles par la voie postale à travers le pays, sans que rien avertisse l'imprudent qui y met la main ou y jette les yeux. Craignez le poison caché, ô enfants candides ! Car il y a sur ces pages attrayantes, sur *ces feuilletons* tant vantés, des choses dont le souffle seul dessècherait la fleur de votre innocence, dont la lecture allumerait dans vos pauvres cœurs, des ardeurs que l'arsenic n'a jamais engendrées dans les entrailles qui l'ont absorbé ! Et sous le feu de ces ardeurs, d'autant plus terribles qu'elles ont plus d'attrait, non seulement se flétrirait la vertu de votre âme, mais encore la force de votre corps même dépérirait comme celle de la plante dont le cœur est rongé par le ver ! Combien de belles

intelligences, de jeunes et vigoureuses vies, ont dû leur
ruine morale et physique à la lecture d'un mauvais livre !
O enfants ! *aimez les livres, les bons livres ! mais* **craignez
les mauvais !** *Ne jetez jamais les yeux sur un écrit
suspect* sans consulter ceux qui ont l'expérience de
la vie, vos parents, vos maîtres, les prêtres, les vieillards !

Exercice n° 26. — Pourquoi la liberté de la presse est-elle
précieuse ? — Quels en sont les effets ? — Quelle différence entre
la liberté et la licence ? — Quelles sont les suites de la licence
en matière de presse ? — A quels dangers la licence expose-
t-elle surtout la jeunesse ? — Que pensez-vous de l'incurie du
législateur relativement aux productions mauvaises de l'esprit ?
— Que doit faire un jeune homme avant de lire un livre suspect ?

XXVII. La liberté d'association

138. — Qui ne se rappelle ce voyageur traversant des
montagnes et trouvant son chemin barré par un rocher
qu'il essaie en vain de déplacer ? Dans l'impossibilité
de continuer sa route, et voyant approcher la nuit chère
aux bêtes féroces, il s'assied triste et découragé. Un
autre voyageur arrive au même endroit, fait les mêmes
efforts et tombe dans la même tristesse, puis un troisième, puis un quatrième ; et tous sont impuissants à
remuer le fatal rocher. Alors l'un d'eux s'adresse à ses
frères et dit : « Mes frères unissons nos forces et atta-
quons de concert la pierre qui barre notre chemin ! »
Et les bras s'unissent aux bras, et le rocher cède, et la
route devient libre, et les voyageurs sont sauvés !

139. — *Tel est l'effet de l'association.* Rien n'est si faible
qu'un homme seul ; rien ne résiste à une société d'hommes
réunis : **l'union fait la force !**

140. — *C'est l'association qui permit jadis* aux habitants des villes, aux corporations ouvrières, de se
défendre contre les seigneurs féodaux ; *c'est l'associa-*

tion qui produit de nos jours tant de merveilles impossibles à l'individu isolé, telles que la construction des chemins de fer, le percement des montagnes, le creusement des canaux et des isthmes, et toutes les grandes entreprises financières, industrielles et commerciales de notre époque.

142. — Donc le **droit d'association** est un de ceux que la loi doit garantir aux citoyens.

143. — Les citoyens ont *le droit de s'associer pour toute fin honnête*, pour travailler, enseigner, prier, soulager leurs semblables, grouper leurs intérêts ; et l'État *ne peut interdire que les associations dont le but serait mauvais*, c'est-à-dire contraire aux mœurs ou à l'ordre public.

144. — Le gouvernement n'a pas le droit de mettre son autorisation comme condition de l'établissement des associations honnêtes : car **le droit de ces associations est antérieur à toute loi.** Et non seulement le gouvernement ne peut empêcher l'établissement des associations honnêtes, mais *il doit les encourager, les protéger, les soutenir.*

145. — Les gouvernements despotiques abhorrent les associations, parce que leur pouvoir se brise devant des sociétés fortement organisées, tandis qu'il reste tout puissant devant l'individu isolé.

146. — La liberté d'association est donc le soutien des autres libertés.

Exercice n° 27. — Quel est l'effet de l'association ? — Donnez-en un exemple. — Parlez de l'association dans le temps passé et dans le temps actuel. — Quelle conclusion tirez-vous de ce que l'association est une condition de progrès pour l'homme ? — Quel est le rôle du gouvernement relativement au droit d'association ? — Quelle est l'étendue de ce droit ? — L'État peut-il subordonner l'association à son autorisation préalable ? — pourquoi ? — Dites pourquoi les gouvernements despotiques abhorrent les associations ? — Quelle est l'importance de la liberté d'association ?

XXVIII. La force publique

147. — Le gouvernement, avons-nous dit, est institué pour garantir aux membres de la société l'usage de leurs droits et l'accomplissement de leurs devoirs. Mais *il ne peut exercer cette garantie* sans une **force publique** mise à sa disposition pour contraindre au respect des droits d'autrui et à l'accomplissement de ses devoirs quiconque voudrait sortir des limites de la justice.

148. — Cette force sert aussi à protéger la nation contre les attaques des autres nations.

149. — La force armée, mise au service du pouvoir, *n'est donc pas destinée à son utilité particulière, mais à l'avantage de tous les citoyens;* elle n'est pas instituée pour lui permettre de satisfaire ses rancunes, son ambition, ses désirs de gloire, mais pour le mettre en état de garantir la liberté de la nation qu'il a mission de gouverner.

150. — Le pouvoir ne peut donc user de la force armée *que pour maintenir l'ordre entre les citoyens, et jamais pour les asservir.* Il n'a pas le droit d'en user pour faire la guerre aux nations étrangères, sans y être autorisé par les représentants du pays.

151. — *L'obligation de faire partie de la force armée* **est commune à tous les citoyens : l'un n'y est pas plus obligé que l'autre.**

152. — **Défendre ses concitoyens et son pays est un devoir sacré et un honneur !**

153. — Se mettre à la disposition du pouvoir, à prix d'argent, pour lui fournir les moyens d'asservir les citoyens et de violer leurs droits, est **une indignité et un crime.** Pour un honnête homme, *mieux vaut abandonner sa position, renoncer à son gagne-pain, que de se faire l'instrument d'un injuste pouvoir :* **la conscience avant l'intérêt !**

Exercice n° 28. — Comment le gouvernement peut-il garantir aux citoyens leurs droits ? — La force armée ne sert-elle qu'à garantir l'ordre intérieur ? — Peut-elle servir à l'utilité, la gloire du gouverneur ? — Peut-elle être employée à asservir les citoyens ? — A quelle condition peut-elle servir à faire la guerre aux peuples étrangers ? — Qui est obligé de faire partie de la force armée ? — Que faut-il penser de cette obligation ? — Que pensez-vous des hommes qui se mettent au service du gouvernement pour devenir les instruments de ses violences contre les citoyens ? — Que doit faire un honnête fonctionnaire quand il reçoit l'ordre de violer les droits de ses concitoyens ?

XXIX. La contribution publique

154. — Pour l'entretien de la force publique, et pour payer les dépenses de l'administration, une **contribution commune** est indispensable : c'est ce qu'on appelle l'*impôt*.

155. — L'impôt *doit être réparti également* entre tous les citoyens, en *raison de leurs facultés.*

156. — Faire payer l'impôt aux pauvres gens et en exempter les riches propriétaires est *une injustice qui n'a pas de nom*, quoiqu'elle ait existé : c'est une infamie ! Exempter les pauvres de l'impôt, et **prélever celui-ci sur le superflu** des riches, est un idéal peut-être difficile à réaliser, mais qu'il faut s'efforcer de faire entrer dans les idées publiques.

157. — Celui qui *cherche à se soustraire au paiement de la contribution* publique est un **lâche** *qui veut bien jouir et ne pas payer ;* c'est un **voleur** qui se sert d'une chose ne lui appartenant pas, *car il use des avantages sociaux au paiement desquels il n'a pas contribué.*

158. — La contribution publique est confiée au gouvernement *non pour satisfaire ses plaisirs et ses goûts, mais pour payer les services publics :* **c'est un dépôt dont il doit rendre compte à la nation.**

159. — Toute contribution ne peut être établie que par les représentants de la nation.

160. — Tout citoyen a le droit de surveiller l'emploi des fonds publics, puisque ces fonds sont à lui, au moins pour une partie.

Exercice n° 29. — Que faut-il pour entretenir la force armée et payer les dépenses de l'administration ? — Comment l'impôt doit-il être réparti ? — Que pensez-vous de l'impôt établi uniquement sur les pauvres ? — de l'impôt mis uniquement sur le superflu ? — Que pensez-vous de ceux qui fraudent en matière d'impôt ? — Dans quel but l'argent de l'impôt est-il confié au gouvernement ? — Qui peut établir l'impôt ? — Qui a le droit d'en surveiller l'emploi ?

XXX. Les fonctionnaires

161. — Le gouvernement d'une nation ne peut se comprendre sans un certain nombre d'hommes mis à son service pour assurer l'exécution des lois. Ces hommes se nomment **fonctionnaires.**

162. — *On mesure la liberté d'un pays au nombre des fonctionnaires.*

163. — Là où l'individu est souverain, où il prie, parle, enseigne, travaille, s'associe librement à l'abri d'un pouvoir protecteur, *le fonctionnaire est rare ;* là, au contraire, où l'État se substitue aux individus, veut leur imposer ou interdire des croyances, leur distribuer l'enseignement, diriger la presse, exercer la charité publique, exploiter les grandes industries, *le fonctionnaire pullule*, l'individu s'efface, la liberté s'évanouit.

164. — *Le fonctionnaire* est, le premier, privé de ses justes droits : *c'est l'esclave moderne !* A l'entrée des enfers, d'après le poète, sont écrits ces mots : « Laissez ici toute espérance ! » Au seuil de l'administration le fonctionnaire peut lire : « En entrant ici laissez votre indépendance et votre dignité ! » En effet le fonctionnaire ne peut penser autrement que l'État qui le paye, pratiquer la religion que l'État réprouve, donner à ses enfants une autre instruction que celle qui lui est proposée par l'État. En temps d'élection il ne peut ouvrir la bouche pour montrer ses préférences ; il faut qu'il soit muet, que dis-je ? il faut qu'il patronne le candidat du gouvernement, fût-il à ses yeux un homme vil et indi-

gne ; il faut, parfois même, qu'il dépose dans l'urne le bulletin que le gouvernement lui a préparé. Tourne toujours les yeux, ô fonctionnaire, sur le pouvoir qui point à l'horizon ; sois prêt à le flatter, à te courber devant lui, à en recevoir le mot d'ordre; abjure ta foi, si ta foi lui déplaît ; abandonne tes amis, si tes amis ne sont pas les siens ; abaisse-toi jusque devant la maîtresse de ton député, si tu veux des faveurs et de l'avancement : sinon le titre de suspect t'est réservé, la disgrâce est suspendue sur ta tête, la révocation est à ta porte, prête à introduire la misère et les privations. *O enfant*, qui lis ces lignes, *ne sois jamais fonctionnaire! Préfère au salaire humiliant de l'État, la vie responsable, la vie pénible s'il le faut, du laboureur, de l'ouvrier, du commerçant, mais garde ta liberté de prier, de parler, de travailler, d'écrire :* **deviens homme, ô enfant, ne deviens pas fonctionnaire !**

Exercice n° 30. — Comment le gouvernement peut-il assurer l'exécution des lois par tout le pays ? — Qu'est-ce qu'un fonctionnaire ? — Qu'indique le nombre des fonctionnaires d'une nation ? — Expliquez pourquoi. — Quel est le sort du fonctionnaire ? — De quels droits est-il privé ? — Comment faut-il qu'il se conduise ? — L'enfant doit-il aspirer à devenir fonctionnaire ?

XXXI. Le fonctionnarisme

165. — Le fonctionnarisme est le sceau des peuples qui ne sont pas faits pour la liberté !

166. — Quand vous voyez, en effet, chez un peuple, les individus briguer à l'envi les fonctions salariées par l'État, se précipiter dans les administrations publiques, se faire les instruments du pouvoir, délaisser les carrières où il faut, pour réussir, de l'initiative, de l'énergie, du travail et du talent, afin de vivre sans effort en émargeant au budget de la nation, *vous pouvez dire que le despotisme est proche*, qu'il n'a qu'à frapper à la porte pour être bien reçu : les âmes y sont préparées, car les

sentiments de dignité et d'indépendance sont sur le déclin . A ce peuple on répète peut-être qu'il est souverain parce qu'il nomme des députés au jour du scrutin public; mais, passé ce jour, de la souveraineté il ne garde pas l'ombre. Veut-il ouvrir une école, ou réunir ses amis dans sa maison pour prier ? Il trouve devant lui l'État et ses fonctionnaires qui lui demandent des brevets et des autorisations. Veut-il faire la charité? l'État et ses fonctionnaires lui disent : C'est à nous qu'il appartient d'organiser les bureaux de bienfaisance et les hôpitaux. Veut-il ouvrir un débit de boissons, fonder un journal, apposer des affiches? L'État et ses fonctionnaires sont encore là pour mettre leurs porte-plume dans les roues du char de la liberté. L'État est tout, l'individu n'est rien !

167. — Ainsi donc le fonctionnarisme est **une menace permanente pour les libertés publiques;** car les malheureux fonctionnaires, habitués à leur servage, ne tardent pas à s'identifier avec le pouvoir qui les paye, et orgueilleux d'être des instruments de domination, ils cherchent à enlever à leurs concitoyens l'indépendance qu'ils ont eux mêmes perdue et oubliée.

168. — **Le fonctionnarisme est le sceau des peuples qui végètent.**

169. — En effet, le fonctionnaire n'est pas seulement un être sans principes qui cache, suivant l'opportunité, ses vertus ou ses vices, un caméléon politique, un eunuque du sérail où le pouvoir tient la liberté captive, mais c'est encore *un parasite qui vit aux dépens de ses concitoyens et suce la sève de la nation.* Tandis que le laboureur, l'ouvrier, le commerçant peinent à produire, le fonctionnaire consomme sans inquiétude, sans énergie, car le budget est là qui le paye et le nourrit. Et les gouvernements n'ont plus qu'un souci : gonfler le budget chaque année davantage afin de le donner en pâture à

de plus nombreux fonctionnaires platement asservis. *O liberté sainte ! relève nos cœurs et donne-nous le courage de vivre libres en réduisant l'État à son vrai rôle, qui est de protéger nos droits, nos actions, nos mouvements, mais jamais de les accaparer, ni les enchaîner !*

Exercice n° 31. — Qu'indique le fonctionnarisme dans une nation ? — pourquoi ? — Les citoyens peuvent-ils être vraiment libres au milieu d'une armée de fonctionnaires ? — Donnez-en des exemples ? — Que deviennent les libertés publiques en face du fonctionnarisme ? — Le fonctionnarisme n'a-t-il pas encore une autre conséquence ? — Pourquoi épuise-t-il la nation ? — A quel rôle l'État devrait-il être réduit ?

XXXII. L'égalité politique

170. — **L'égalité** consiste en ce que *tous les citoyens d'une même nation ont les* **mêmes droits** et les **mêmes devoirs.**

171. — **L'égalité est naturelle,** car tous les hommes naissent avec la même nature, les mêmes facultés, les mêmes besoins, la même fin qui est le bonheur ; et, s'ils veulent jouir des mêmes avantages sociaux, ils sont tenus à l'accomplissement des mêmes devoirs dans la société.

172. — Donc *nul ne peut se prétendre supérieur à autrui en droits, ni moins obligé en devoirs.* Donc toute distinction de caste, de classes sociales, de même que tout privilège en matière de devoirs, est une injustice.

173. — Les fonctions dans le gouvernement de la société, la richesse, l'éclat des services rendus à la patrie ne peuvent donner des droits inégaux : *tous doivent être soumis aux mêmes lois et jugés d'après les mêmes règles.*

174. — Tous les citoyens ont le *même droit* de prendre part au choix du gouvernement, d'être élus aux fonctions publiques, de s'instruire, de travailler, de posséder, de choisir une religion, etc.

175. — Tous les citoyens ont le *même devoir* de payer la contribution publique en proportion de leurs biens, de fournir le service militaire, etc.

Exercice n° 32. — En quoi consiste l'égalité ? — L'égalité est-elle naturelle? — Pourquoi? — Que pensez-vous des distinctions de classes dans la société, des privilèges ? — Les fonctions, les richesses, la noblesse peuvent-elles donner des droits supérieurs ? — Énumérez les principaux droits et les principaux devoirs qui sont égaux pour tous les citoyens.

XXXIII. Les inégalités individuelles

176. — L'égalité politique, c'est-à-dire de l'homme citoyen, peut *atténuer*, mais *jamais effacer l'inégalité des individus.*

177. — En effet, la nature ne donne pas aux individus la même intelligence, la même force, la même taille, partant la même capacité pour acquérir la fortune : il y a donc inégalité nécessaire entre eux sous ces divers rapports.

178. — Nulle loi ne peut donner aux citoyens l'égalité d'esprit, de talents, de force, pas même de richesse : car la richesse honnête est toujours le résultat de l'esprit, du talent ou de la force.

179. — Donc **rêver l'égalité dans la fortune, c'est rêver une chimère !** En effet, supposez qu'une loi fasse aujourd'hui le partage égal de tous les biens : demain le paresseux n'aura pas fait produire son champ et l'homme actif se sera préparé de belles récoltes, le prodigue aura dépensé son argent en futilités, l'homme sage et économe l'aura fait fructifier en œuvres utiles : *il n'y aura déjà plus égalité.* Pour que subsistât cette égalité chimérique, il faudrait enlever au citoyen laborieux le fruit de son travail pour le donner au paresseux, ôter aux enfants l'héritage de leurs pères : mais alors, adieu le travail, l'énergie, l'émulation ! Pareille égalité serait l'égalité dans la misère : elle tuerait la société !

180. — Donc *l'inégalité des individus est naturelle,* et partant *utile.* Donc il y aura toujours des génies et des

imbéciles, des forts et des faibles, des riches et des pauvres ; mais *il suffira, pour que la justice ne soit point outragée*, que le *fort n'ait pas le droit d'opprimer le faible, que le pauvre soit l'égal du riche devant la loi*, que l'*instruction soit à la portée du grand esprit comme de l'intelligence médiocre*, que le *premier comme le dernier des citoyens supporte sa part des charges publiques :* c'est là la véritable et seule possible égalité !

Exercice n° 33. — L'égalité politique donne-t-elle l'égalité individuelle ? — Pourquoi les individus sont-ils inégaux ? — Pourquoi une loi ne peut-elle leur donner l'égalité ? — L'égalité en fortune est-elle possible ? — pourquoi ? — Quel serait le résultat d'une loi voulant imposer l'égalité des biens ? — L'inégalité n'est-elle pas utile ? — Quelle est la seule possible égalité ?

XXXIV. La fraternité

181. — Si tous les hommes apportent en naissant la même nature, les mêmes besoins, les mêmes droits à l'exercice de leurs facultés, la même destinée qui est le bonheur, c'est qu'ils sont tous les enfants du même Auteur ou du même père : **ce sont des frères !**

182. — Et lorsque les hommes s'unissent en société pour s'entr'aider, se soutenir, se défendre, se procurer des avantages communs, ils deviennent les membres, les enfants de la même patrie : **ce sont encore des frères !**

183. — De là doit naître dans le cœur des hommes un autre sentiment distinct de la liberté et de l'égalité, un sentiment d'amour qu'on nomme **fraternité.**

184. — La fraternité *suppose la liberté et l'égalité,* et *elle les complète.*

185. — Elle *suppose* la liberté et l'égalité ; car là où le citoyen veut attenter aux droits du citoyen, le réduire en esclavage, lui ôter sa liberté de prier, parler, enseigner, travailler ; là où le riche veut se croire d'une autre nature que le pauvre, se donner des privilèges, se réser-

ver les places et les honneurs, peut-on dire que les hommes s'aiment comme des frères?

186.— La fraternité *complète* la liberté et l'égalité; car, nous l'avons dit, l'égalité politique est possible, mais l'égalité individuelle impossible : toujours à côté des riches il y aura des indigents, à côté des hautes intelligences, des idiots et des fous, à côté des hommes vigoureux de pauvres corps débiles, malades, atteints d'infirmités cruelles. Eh bien! la fraternité est faite pour ces déshérités de la nature : c'est elle qui fait compatir le riche au sort du pauvre, qui prend soin du malheureux privé de raison, qui recueille l'infirme et le malade : car, pauvres, faibles d'esprit et infirmes sont, pour les autres citoyens, autant d'infortunés frères!

187. — **La fraternité doit être inscrite dans les lois** et s'y manifester sous toutes les formes possibles ; car si elle n'existait que dans le cœur de chaque individu isolé, ce serait seulement de la *charité*. La fraternité est donc un devoir social, c'est-à-dire que la société doit considérer tous ses membres comme des frères, et donner tous les soins nécessaires à ceux qui sont dans le malheur. De là l'obligation pour le législateur d'ouvrir des maisons de retraite pour les infirmes, les idiots, les fous, les enfants et les vieillards abandonnés, de fonder des hospices pour les malades, de créer des bureaux de bienfaisance pour les indigents, d'établir des caisses de retraite, des sociétés de secours mutuels, et toutes les institutions nécessaires aux malheureux que la nature a jetés sur la terre dans un état de choquante inégalité.

188. — Ainsi la fraternité, jointe à ses deux sœurs, l'égalité et la liberté, assure le bonheur des sociétés en ce monde.

189. — **Que la liberté, l'égalité, la fraternité règnent donc sur la France!** Qu'elles règnent sur la terre entière!

Exercice n° 34. — Pourquoi tous les hommes sont-ils frères ?
— Quel sentiment doit venir dans le cœur, de ce que tous les
hommes sont frères ? — Quel rapport y a-t-il entre la fraternité, et la liberté et l'égalité ? — Comment la fraternité suppose-
t-elle la liberté et l'égalité ? — Comment les complète-t-elle ? —
Quelle différence entre la fraternité et la charité ? — Montrez
comment la fraternité doit existar dans le gouvernement. —
Quels sont les effets de la liberté, de l'égalité et de la fraternité
réunies ensemble ? — Quel vœu doit-on former pour que la
France soit heureuse ?

ÉPILOGUE

Enfants, vous connaissez maintenant ce qu'est une
société politique, quels y sont les rapports des citoyens
entre eux, quel rôle y joue le pouvoir.

Gardez précieusement ces notions, et, quand vous
serez hommes, mettez-les en pratique : elles seront la
sauvegarde de votre liberté.

Toutes les fois que, par vos votes, vous désignerez un
représentant de l'autorité, n'oubliez pas qu'entre vous et
lui il y aura un contrat naturel, tacite, précis, se résu-
mant en ceci : *de sa part, promesse de protéger vos actes et
vos droits d'homme, de veiller à votre sûreté intérieure et
extérieure; — de votre part, engagement de lui en fournir
les moyens, et ces moyens sont votre reconnaissance, votre
fidélité, votre obéissance, vos subsides de contribuable, vos
services de soldat.* **Voila l'unique condition du pacte
social !**

Si vous *n'aimez pas* le gouvernement de votre patrie,
si vous *cherchez à vous soustraire aux services* nécessaires
à la défense commune, si vous *essayez de frauder* dans le
paiement de votre part de contribution, **vous serez
un mauvais citoyen !**

Si le gouvernement que vous aurez choisi, monarchie
ou république, ne se contente pas de vous donner protection et liberté, s'il entreprend d'ajouter quelque
clause à la condition fondamentale du contrat social,

*s'il veut substituer sa volonté à la vôtre, ses goûts à vos goûts,
s'il se fait sectaire ou théologien, pédagogue, ou philanthrope,
entrepreneur de travaux, etc.*, en un mot directeur des âmes
et des corps : **ce sera un mauvais gouvernement, car
il attentera à vos droits, il vous opprimera au lieu
de vous protéger.**

En effet, pour ce *supplément de tâche*, l'État exigera de
vous un *supplément de services et de subsides* ; il fouil-
lera plus avant dans votre poche ; et, ce qui est pis
encore, il se servira de votre argent pour vous infliger de
nouvelles contraintes, il puisera dans votre bourse le
salaire de votre persécution !

Enfants, veillez sur vos justes droits ! N'abandonnez à
l'État ni vos corps ni vos âmes !

Comment ! cette âme que vous confiez à peine à un
confesseur, à un prêtre éclairé, vous la livreriez à un
pouvoir sans compétence et sans lumières, pour qu'il
la dirige, l'asservisse, lui dise ce qu'il faut croire ou
rejeter, adorer ou maudire ? Non, jamais !

Et l'âme de vos enfants, quand vous serez pères de
famille, cette âme que vous ne confieriez pas à un pré-
cepteur sans vous informer de sa moralité et de ses
lumières, vous la confierez à l'État, pour qu'il la façonne
à son image, lui inculque ses principes politiques,
l'inféode à sa philosophie, en fasse un disciple de sa secte,
un admirateur de son despotisme ? Non jamais !

Ne provoquez pas l'État à s'emparer de tous les services publics en lui demandant des fonctions et des
places : *ne faites pas de vos fils des fonctionnaires !* L'État
en aura toujours assez.

Souvenez-vous que, dans une démocratie, l'individu
doit veiller sur ses droits avec plus d'attention, et
accorder au gouvernement moins d'autorité, que dans
tout autre régime. En vérité, je vous le dis, si vous vou-
liez abdiquer vos droits, mieux vaudrait le faire entre les
mains d'un monarque héréditaire, qu'entre celles d'une

société de représentants élus! Car un monarque héréditaire est connu : s'il est bon, on peut avoir confiance en lui; s'il est mauvais, on s'en défie. Mais, le représentant élu, le connaissez-vous autrement que par une profession de foi plus ou moins sincère, des déclamations de journal, des bruits de café? Est-il l'homme le plus éclairé, le plus recommandable? Ne serait-ce pas, par hasard, un politicien intrigant, un bavard sans conscience, un médecin sans malades, un avocat sans clients? Et quand il aurait toutes les qualités voulues, les changements auquel le système électif le soumet, ne vous interdisent-ils pas de lui donner des pouvoirs sans limites? Faut-il exposer les oppresseurs d'aujourd'hui à être les opprimés de demain, et soumettre le pays à des réactions continuelles? Donc, dans une démocratie, le gouvernement mérite moins de confiance que dans tout autre régime ; pour cela il doit être maintenu dans son seul rôle qui est la protection des droits naturels de l'homme ; et, c'est précisément parce que, dans une démocratie, le domaine de l'État doit être borné et restreint, **que la démocratie est le règne de la liberté!** La démocratie, avec un gouvernement tout-puissant, serait la pire des tyrannies.

Exercice. — Qu'avez-vous appris? — A quoi vous serviront ces connaissances? — Quelle est la condition de toute constitution de pouvoir? — Comment remplirez-vous vos devoirs envers l'État? — Comment l'État remplira-t-il ses devoirs envers vous? — A quoi reconnaitrez-vous qu'il y manque? — Quelle est la conséquence de l'accaparement de vos droits par l'État? — Pourquoi ne devez-vous pas lui abandonner vos âmes, ni celles de vos enfants? — Devez-vous lui demander des places? — pourquoi? — Pourquoi dans une démocratie, les pouvoirs du gouvernement doivent-ils être bornés? — Quelle conséquence en résulte pour le corps social?

SUPPLÉMENT

MODÈLES D'ACTES USUELS

I. — Réclamation en matière d'impôt
(Voir la leçon nº 34, Iʳᵉ partie.)

.... le ..... 188..

Monsieur le Sous-Préfet (ou Monsieur le Préfet),

Je soussigné (nom, prénoms, demeure) ai l'honneur de vous exposer que je suis taxé au rôle des portes et fenêtres de la commune de... pour 188., comme ayant une maison à 5 ouvertures, tandis que celle que j'habite n'en a que 4 : donc je vous prie de vouloir bien me faire accorder la modération à laquelle j'ai droit.

Ci-joint : 1º l'avertissement qui m'a été adressé; 2º la quittance des termes échus (s'il y a lieu).

Veuillez, Monsieur le Sous-Préfet, agréer l'hommage de mes sentiments respectueux.

(Signature.)

II. — Autre formule de réclamation

.... le ..... 188..

Monsieur le Sous-Préfet (ou Monsieur le Préfet),

Je soussigné (nom, prénoms, demeure) ai l'honneur de vous exposer que les impôts d'une parcelle de terre, sise commune de... section..., nº ... du plan, d'un revenu de... ont été mis à ma charge, alors que cette terre ne m'appartient pas : pourquoi je vous prie de me faire dégrever de la contribution qui m'est indûment imposée au rôle de 188.. (Pièces à joindre : 1º avertissement; 2º extrait de la matrice cadastrale.)

Veuillez, Monsieur le Préfet, agréer, etc.

(Signature.)

III. — Demande de permis de chasse
(Voir la leçon 35, 1re partie.)

.... le ..... 188..

Monsieur le Maire,

J'ai l'honneur de vous prier de vouloir bien m'obtenir un permis de chasse (ou le renouvellement de mon permis de chasse).

Ci-joint la quittance du prix du permis, versé chez le percepteur (et, en cas de renouvellement, l'ancien permis).

Agréez, je vous prie, Monsieur le Maire, mes salutations respectueuses.

(Signature.)

IV. — Testament instituant un légataire universel
(Voir le modèle contenu dans la leçon XI, IIe partie.)

V. — Testament constituant un legs à titre universel

Je soussigné (nom, prénoms, profession, demeure) déclare par le présent, mon testament, léguer à (nom, prénoms, profession, demeure) le tiers des biens meubles et immeubles composant ma succession.

Fait et écrit en entier de ma main, à..... le.... mil huit cent quatre vingt...

(Signature.)

VII. — Testament constituant un legs à titre particulier, avec nomination d'un exécuteur testamentaire

Je, soussigné (nom, prénoms, profession, demeure) déclare par le présent, mon testament, léguer à (nom, prénoms, profession, demeure) la somme de mille francs qui lui sera payée par mes héritiers, six mois après ma mort, sans intérêts.

Les frais auxquels donnera lieu le présent legs seront supportés par ma succession.

Je déclare instituer pour mon exécuteur testamentaire (nom, prénoms, profession, demeure) et je lui lègue pour l'indemniser de ses soins, la somme de cent francs qui lui sera versée par mes héritiers, dans les deux mois qui suivront mon décès, sans intérêts. Les frais auxquels cette disposition donnera lieu seront à la charge de ma succession.

Fait et écrit en entier de ma main, à.... le..... mil huit cent quatre-vingt...

VII. — Contrat d'apprentissage

Entre les soussignés :

1º (Nom, prénoms, profession demeure du père de l'apprenti) d'une part ;

2º (Noms, prénoms, profession et demeure du patron), d'autre part, a été convenu ce qui suit :

ARTICLE 1er. — M. (nom du patron) s'oblige envers M. (nom du père) :

1º A prendre chez lui le sieur... fils de M.... pendant... années consécutives, à partir du... mil huit cent quatre vingt... et à lui enseigner son métier de..... sans lui en rien cacher et sans l'employer à d'autres travaux, ni lui faire faire trop de courses et commissions ;

2º A le loger et le faire coucher seul, à le nourrir convenablement, à le faire blanchir, etc.;

3º A lui fournir les outils nécessaires à sa profession ;

4º A surveiller sa conduite, le laisser libre le dimanche, au moins de manière à assister aux offices religieux, et à ne point le faire travailler ce jour, si ce n'est pour ranger l'atelier ;

5º A le soigner en cas de maladie jusqu'à ce qu'il puisse être transporté chez ses parents.

Le tout sous peine de résiliation du contrat sans préjudice de tous dommages-intérêts qui pourront être dus.

ART. 2. — M. (nom du père) s'oblige de son côté envers M. (nom du patron) :

1º A user de son autorité pour que son fils soit obéissant et docile, et même en cas d'évasion soit réintégré chez son maître et y demeure jusqu'à la fin de son apprentissage ;

2º A fournir à son fils du linge et des habillements en quantité convenable ;

3º A payer à M. (nom du patron) la somme de.... francs, qu'il versera moitié le jour d'entrée en apprentissage de son fils, et moitié à la fin dudit apprentissage, le tout sans intérêts.

ART. 3. — Dans le cas où l'apprenti viendrait à quitter l'atelier du patron, il devra donner à son maître, à la fin de l'apprentissage, un temps égal à celui de son absence; si l'absence vient de maladie, et qu'il ait été soigné chez son maître aux frais de ce dernier, il devra rendre un temps double.

Fait double, sous nos seings, à.... le... mil huit cent quatrevingt...

VIII. — Acte de vente d'un fonds de commerce

Entre les soussignés :

1° (Nom, prénoms, profession, domicile du vendeur).

2° (Nom, prénoms, profession, domicile de l'acquéreur).

A été convenu et arrêté ce qui suit :

M... vend par ces présentes avec toutes garanties de fait et de droit, à M....., qui l'accepte, un fonds de commerce de..... qu'il exploite à ..... rue..... n°.., avec l'achalandage et les ustensiles qui servent à l'exploitation dudit fonds, consistant en......... : le tout aux charges et conditions suivantes :

Art. 1er. — L'acquéreur entrera en jouissance à compter de...

Art. 2. — Il devra prendre, au prix fixé par experts, les marchandises en magasin au jour de l'entrée en jouissance;

Art. 3. M. (nom du vendeur) s'interdit la faculté d'exercer la même profession dans le même arrondissement.

Art. 4. — Cette vente est faite moyennant la somme de..... francs payables le.....

Art. 5. — Le vendeur cède à l'acquéreur le droit au bail des lieux où s'exploite le dit fonds de commerce, avec charge de satisfaire à toutes les obligations qui dérivent de ce bail.

Fait double sous nos signatures, à..... le..... mil huit cent quatre-vingt...

(Signatures :)

IX. — Acte de reconnaissance de prêt.

Je, soussigné (nom, prénoms, profession, demeure de l'emprunteur), reconnais devoir à M. (nom, prénoms, profession, demeure du préteur), la somme de.... francs qu'il m'a prêtés, et que je m'oblige à lui rembourser le....., et dont je lui servirai les intérêts chaque année au taux de.... pour cent. par an, à compter de ce jour.

Fait à ...... le.... mil huit cent quatre-vingt...

(Si l'emprunteur n'a pas écrit le billet, il met ici : Bon pour ..... francs.)

(Signature)

X. — Autre formule de reconnaissance de prêt
(Billet à ordre.)

Au...... mil huit cent......, je, soussigné........ et........ mon épouse, que j'autorise, tous deux solidairement, nous

paierons à..... ou à son ordre, la somme de..... francs, pour
remboursement, capital et intérêts compris, de son prêt de ce
jour.

Fait à........... le........... mil huit cent quatre-vingt.....
Bon pour........ francs.   (*Signature.*)

XI. — Quittance d'intérêts d'un capital prêté

Je soussigné.......... reconnais avoir reçu de..... la somme
de..... pour une année, échue le..........., des intérêts d'une
somme de....... qu'il me doit suivant son billet en date du....
Fait à........... le........... mil huit cent quatre-vingt....
                                               (*Signature.*)

XII. — Quittance de fermages à valoir

Je soussigné........ reconnais avoir reçu de M........ mon
fermier, la somme de........ à valoir sur ses fermages échus
le...... sous réserve du surplus qu'il me versera aussitôt qu'il
le pourra, ainsi que des impôts et faisances.
Fait à.......... le.......... mil huit cent......
                                               (*Signature.*)

XIII. — Bail à ferme.

Entre les soussignés :
1º M.........., propriétaire, demeurant à........ d'une part ;
2º M.........., cultivateur, demeurant à........ d'autre part.
A été convenu et arrêté ce qui suit :
M............ donne à bail au sieur.......... qui l'accepte,
pour..... années consécutives, qui commenceront à courir
le.......... le lieu du.......... se composant de bâtiments
d'habitation et d'exploitation, terres labourables et prés, dont
détail suit (faire le détail), ou, si l'on ne fait pas le détail,
ajouter après le mot prés) : d'une contenance totale de........
ainsi que ces biens se poursuivent et comportent, sans réserves
de la part du bailleur, ni recours de quelque façon que ce soit
de la part du preneur, celui-ci déclarant les bien connaître :
au surplus au moment de l'entrée en jouissance il sera dressé
un état des biens affermés, aux frais des deux parties.
Le présent bail est fait aux charges et conditions suivantes :
ART. 1er. — Les preneurs seront tenus d'habiter les biens
loués et de les garnir de meubles, ou bestiaux et instruments

en quantité suffisante tant pour assurer la bonne exploitation que pour garantir le paiement des fermages.

Art. 2. — Ils bêcheront, fumeront et cultiveront la terre en temps et saisons convenables, sans pouvoir la dessoler ni dessaisonner.

Art. 3. — Ils couperont les bois taillis et exploiteront les haies de produit tous les huit ans.

Art. 4. — Ils devront faire consommer toutes les pailles et tous les fourrages et ne pourront en vendre aucune partie, et ils devront en laisser à leur sortie autant qu'ils en auront trouvé à leur entrée.

Art. 5. — Ils planteront tous les arbres que le bailleur leur fournira, et entretiendront ceux qui seront plantés.

Art. 6. — En cas de réparation aux bâtiments, ils feront les approches de matériaux et nourriront les ouvriers.

Art. 7. — Ils ne pourront sous-louer sans le consentement écrit du bailleur.

Art. 8. — Ils paieront en l'acquit du bailleur toutes les contributions des biens affermés, sans diminution de fermage ; ils paieront aussi l'enregistrement du présent bail.

Art. 9. — Ils donneront chaque année au bailleur à titre de faisances (les détailler) :

Art. 10. — En outre ce bail est fait moyennant un fermage annuel de..... francs que le preneur s'oblige à payer au bailleur, en sa demeure (comme les faisances), en deux termes, moitié le..... et moitié le.....

Art. 11. — Il est spécialement convenu que faute par les preneurs de payer leur fermage à son échéance, le présent bail sera résilié de plein droit après une sommation restée infructueuse, sans préjudice de tous dommages-intérêts.

Fait double sous nos seings à...... le...... mil huit cent...

(Signatures.)

XIV. — Bail à loyer

Je soussigné..........., d'une part, propriétaire d'une maison sise à.......... loue au sieur..... ci-dessous désigné, la susdite maison composée de..... (la détailler), pour trois, six ou neuf années consécutives qui commenceront à courir le........., et ce pour la somme de..... francs par an, payables par quarts de trois mois en trois mois aux termes et obligations d'usage.

Et, d'autre part, moi (nom, prénoms, profession, demeure du locataire), prends la présente location, comme il est stipulé plus haut, et, en outre, je m'engage : 1° à garnir ladite maison de meubles en quantité suffisante pour répondre en tout temps du loyer ; 2° à en payer toutes les contributions ; à ne pas sous-louer sans consentement écrit du bailleur ; 4° à souffrir les grosses réparations nécessaires sans prétendre à indemnité ; 5° à faire les réparations locatives, et à rendre la maison, en fin de bail, conforme à l'état des lieux qui sera fait à mes frais.

Fait double à.........le........ mil huit cent quatre-vingt...

(Signatures.)

XV. — Etat des lieux d'un appartement

Entre les soussignés :

1° (Nom, prénoms, profession, demeure du propriétaire) d'une part ;

2° (Nom, prénoms, profession, demeure du locataire) d'autre part,

A été expliqué et arrêté ce qui suit :

M....... ayant loué à M....... un appartement sis à........ dont l'état n'a pas encore été déterminé, les parties ont résolu de l'arrêter ainsi qu'il suit :

La porte d'entrée, en chêne, est portée sur deux gonds dont l'un n'est pas suffisamment scellé : le seuil, en pierre, fendu par la moitié ; les pavés de l'appartement bons, sauf 10 brisés ; les fenêtres en bon état ; les enduits de l'âtre ont besoin de quelques réparations ; la tapisserie déchirée en deux endroits ; sur le fourneau, six pavés de faïence sont cassés ; au-dessus de la porte deux planches en bois servent de dressoir ; entre la fenêtre et la cheminée est un châssis en bois, garni de clous et crochets, destiné à recevoir la batterie de cuisine : au fond de l'appartement est une alcôve, etc., etc. (continuer ainsi le détail).

Fait double, sous nos seings, à...... le..... mil huit cent...

(Signatures.)

XVI. — Formule de congé

Entre les soussignés........ propriétaire, demeurant à...... d'une part, — et......, (profession) demeurant à... d'autre part ;

A été exposé et convenu ce qui suit :

M.... est locataire d'une maison sise à... appartenant à M...

M......, désirant faire cesser le bail pour le...... a verbalement donné congé à son locataire, ce qui a été accepté par ce dernier.

En conséquence le sieur..... s'engage à vider les lieux audit jour....., à remettre les clefs à son propriétaire, et à satisfaire à toutes les obligations des locataires sortants.

Fait double, à........... le............... mil huit cent...

(*Signatures.*)

XVII. — Certificat délivré par un maître à un domestique

Je, soussigné..........demeurant à.......... certifie que le sieur.......... est resté à mon service depuis le....... jusqu'à ce jour, et que j'ai toujours eu à me louer de son travail, de sa probité et de sa conduite.

Fait à.......... le.......... mil huit cent...

(*Signature.*)

XVIII. — Autre formule de certificat.

(Quand le maître n'est pas satisfait.)

Je soussigné,.......... demeurant..... certifie que le sieur... est resté à mon service depuis le........ jusqu'à ce jour, et qu'il en est sorti quitte de tout engagement.

Fait à.......... le.......... mil huit cent...

(*Signature.*)

XIX. — Certificat de vie.

Je soussigné.......... certifie que (nom, prénom, profession, demeure) est vivant pour s'être présenté devant moi ce jour-d'hui.

Fait à.......... le.......... mil huit cent quatre-vingt...

(*Signature.*)

TABLE DES MATIÈRES

PREMIÈRE PARTIE
(Cours élémentaire)
LA FRANCE ADMINISTRATIVE

DEUXIÈME PARTIE

(Cours moyen)

LES DROITS CIVILS DES FRANÇAIS

TROISIÈME PARTIE
(Cours supérieur)
LES DROITS DE L'HOMME EN SOCIÉTÉ

SUPPLÉMENT

Le Mans. — Typ. Ed. Monnoyer. — Mai 1887.

www.ingramcontent.com/pod-product-compliance
Ingram Content Group UK Ltd.
Pitfield, Milton Keynes, MK11 3LW, UK
UKHW021521090726
13657UKWH00001B/373